Georg Maag

Nachts, im Mondschein, lag auf einem Blatt

AF201834

Bis vor einem Moment war Sibissibis nur eine gezeichnete Schlange, Wachsmalkreide auf Papier. Wie konnte er so plötzlich in einer Geschichte landen? Und wohin wird sie ihn führen?

Dieses Buch erklärt, wie man Geschichten erfindet und aufschreibt. Wie man Ideen einfängt, einen guten Anfang findet, wie Figuren eindrücklich werden und die Handlung fesselt. Und weil sich Ideen manchmal selbstständig machen, steckt man plötzlich mittendrin in einer spannenden Geschichte. Der Kinderbuchautor Georg Maag hat sich auf die Suche gemacht: nach der Inspiration, nach einem engmaschigen Schmetterlingsnetz, um Ideen einzufangen, nach guten Anfängen und überraschenden Enden und nach dem, was gute Geschichten ausmacht.

Georg Maag wurde in Deutschland geboren und lebt seit 1976 in Italien. Dort hat er zahlreiche Bücher für Kinder und Jugendliche publiziert und lehrt Deutsche Sprache und Literatur an der Universität Turin.

Almud Kunert wurde in Bayreuth geboren und studierte Malerei und Grafik an der Akademie der Bildenden Künste in München. Dort lebt und arbeitet sie als freie Illustratorin.

Georg Maag

Nachts, im Mondschein, lag auf einem Blatt

Eine Schreibwerkstatt für Kinder

Mit Bildern von Almud Kunert

Wir danken dem Gerstenberg Verlag für die
freundliche Genehmigung, den Anfang von Eric Carles
Bilderbuchklassiker »Die kleine Raupe Nimmersatt« als
Titel für diese Schreibwerkstatt zu wählen.

Dieses Buch basiert auf der italienischen Schreibwerkstatt
»Se all'improvviso la luna e le stelle ... corso di scrittura
creativa per le scuole elementari e medie« von Georg Maag.

Auf der Website
www.dtv-schreibwerkstatt.de
können Kinder Geschichten schreiben und die Tricks und
Kniffe, die dieses Buch verrät, ausprobieren.

Originalausgabe 2009
6. Auflage 2021
© dtv Verlagsgesellschaft mbH & Co. KG, München
Umschlag und Innenillustrationen: Almud Kunert
Illustrationen auf den Seiten 29 und 71: Andrea La Vista
Gesetzt aus der Rotis 11/14˙
Gesamtherstellung: Druckerei C.H.Beck, Nördlingen
Printed in Germany · ISBN 978-3-423-62414-5

Inhalt

Einführung

Was du mit diesem Buch alles machen kannst (ganz kurz, versprochen!)

Dieses Buch erklärt, wie man Geschichten erfindet und schreibt. Richtig schöne Geschichten, tolle, komische, spannende, verrückte! Du wirst mir nicht glauben, aber ich kann dir versichern: Eine schöne Geschichte zu schreiben ist gar nicht so schwer, wie du denkst. Es genügt, eine gute Idee für den Anfang zu finden und dann Schritt für Schritt ein paar Regeln zu folgen, die wir gemeinsam entdecken werden, und schon ist es so weit! Du bist auf dem Weg zu deiner ersten eigenen Geschichte!

Ich kann dir nicht versprechen, dass du später einmal Schriftstellerin oder Schriftsteller wirst. Das wäre dann doch zuviel des Guten, denn nur ganz wenige werden einmal erfolgreiche Autoren. Um ein berühmter Schriftsteller zu werden, muss man sehr begabt sein und auch Glück haben, und wer kann im Voraus wissen, wie begabt jemand ist und wie viel Glück jemand in seinem Leben haben wird? Beruflicher Schriftsteller wird man vor allem durch harte Arbeit, Tag um Tag, Woche um Woche, und das über

Monate und Jahre hinweg, vom Aufwachen bis zum Einschlafen und oft auch noch nachts. So ein Leben möchte ich dir nun wirklich nicht antun. Und irgendwie ist es im Grunde ja ganz richtig, dass es für die wenigen großen Schriftsteller Tausende von Lesern gibt. Wären alle Leute auf der Welt Schriftsteller, wer könnte dann noch diese unzähligen Bücher lesen? Niemand hätte Zeit dazu!

Viel wichtiger ist es, dass du dich amüsierst. Darum geht es in diesem Buch vor allem. Geschichten erfinden und schreiben, selbst ganz kleine und kurze, ist amüsant. Warum? Erstens, weil man es immer und überall machen kann: im Bett, auf der Toilette, beim Frühstück, in der Straßenbahn, im Wartezimmer des Zahnarztes, im Klassenzimmer. Zweitens, weil es deinen Erfindungsgeist erweckt und anstachelt, denn er ist ein bisschen wie ein Muskel: Je mehr man ihn benutzt, desto besser funktioniert er! Wer erst einmal damit begonnen hat, hört sein Leben lang nicht mehr auf, denn es ist eine der ganz wenigen angenehmen Dinge, die man tun kann, ohne dafür etwas bezahlen zu müssen. Aber jetzt erzähle ich dir ein Geheimnis, das mit der Schriftstellerei gar nichts zu tun hat, sondern nur mit der Fantasie: Sie ist enorm wichtig für uns Menschen, denn dank ihr kann man zu jeder Zeit aus seinem eigenen Leben ausbrechen!

Wer es schwer hat, wer krank im Bett liegt, wer nicht gehen kann, wer die Schule am liebsten auf den Mond schießen würde, wer mit seinen Eltern nicht klarkommt … alle haben ihre Probleme, manche sind kleiner, andere sind fast zu groß, um damit zurechtzukommen. In diesen Momenten, wenn man komplett die Lust verloren hat, dann hilft es uns, unsere Fantasie zu benützen, denn sie kennt keine Grenzen. Wir erfinden uns ganz einfach eine Geschichte, in der alles ganz anders ist als in der Wirklichkeit. Wir besiegen unsere Grippe mit einem von uns erfundenen Wundermittel, wir rennen mit kräftigen Beinen über den schönsten Strand, den wir uns vorstellen können; wir lassen unsere verhasste Schule von fingergroßen Marsmenschen überrennen und sehen ihnen zu, wie sie die Lehrer verjagen und dann die Schule in Windeseile abbrechen, bis nur noch die Kellerräume übrig geblieben sind, und dann verkaufen wir den Schutt für einen Euro pro Stück an alle Passanten, die vorbeikommen; wir erfinden unseren Vater oder unsere Mutter komplett neu, und auf einmal sehen sie aus wie Popstars, lachen die ganze Zeit, fragen uns, wie es uns geht, und laden uns auf ihre Konzerte ein, wohin wir natürlich alle Klassenkameraden mitbringen dürfen …

Es geht also gar nicht darum, Schriftsteller werden zu wollen, nur darum, sich zu amüsieren, ohne dafür auch nur einen einzigen Cent auszugeben. Alle, auch du, können tüchtige Geschichtenerfinder werden, soviel steht fest.

Was du brauchst, ist Lust und ein wenig Zeit (eine

Stunde hier und da reicht schon), etwas Ruhe, einen Bleistift und ein Blatt Papier. Das genügt.

Du glaubst mir nicht? Du wirst schon sehen. Fangen wir einfach an! So kann ich dir zum Beispiel versichern, dass eine schöne Geschichte aus wenigen Zutaten besteht:

- mindestens eine Idee (besser zwei oder drei, aber das muss nicht unbedingt sein);
- eine Anzahl Wörter, die diese Idee vom Anfang bis zum Ende entwickeln;
- eine Reihenfolge, in die wir diese Wörter stellen.

Noch schnell einen Ratschlag, wie du dieses Buch benutzen kannst: Neben meinen Geschichten, die dir als Beispiele dienen sollen, wirst du einige Übungen finden. Dazu solltest du dir ein Heft oder ein Notizbuch besorgen.

Lass dir in Zweifelsfällen von deinen Eltern helfen, denn die Hilfe von anderen Personen ist immer wichtig. Es kann auch dein Bruder oder deine Schwester sein oder sogar dein Deutschlehrer, aber nur, wenn er nett ist und ihr gut miteinander auskommt.

Damit du auf den ersten Blick weißt, welche Aufgabe dich erwartet, gibt es für verschiedene Aufgaben unterschiedliche Symbole, die dir verraten, in welche Richtung die Aufgabe geht (weshalb es ausgerechnet eine Schlange ist, die dich durch das Buch führt, wirst du später erfahren):

 steht für Tipps zum Geschichtenschreiben.

 steht für Fragen, die du beantworten kannst. Manchmal sind es Ankreuzaufgaben, manchmal Lückentexte, manchmal ganz normale Fragen.

 bedeutet: »Lies ganz genau.« Hier kannst du in Beispielgeschichten auf Spurensuche gehen und erkunden, wie andere Autoren ihre Geschichten erzählen und bestimmte Wirkungen erreichen.

 verrät dir, dass du dir hier selbst etwas ausdenken und es in dein Heft bzw. dein Notizbuch oder in die Lücke in diesem Buch notieren kannst.

 kündigt dir eine von meinen Beispielgeschichten an.

 steht für Beispiele aus der Kinderliteratur. Viele von den Figuren, die darin eine Rolle spielen, wirst du gut kennen.

11

 schließlich steht für Aufgaben, die du mit deiner Klasse oder deinen Freundinnen und Freunden spielen kannst. Denn nichts macht mehr Spaß, als gemeinsam eine Geschichte zu erfinden!

Jetzt kann es losgehen! Lasst uns als erstes über Ideen sprechen. Dafür gibt es nichts Besseres, als eine gute Überschrift für das erste Kapitel zu finden ...

Die Ideen

Ideen sind seltsam. Du kannst sie nicht kontrollieren. Sie kommen von selbst, nie auf Kommando. Manchmal erscheinen sie ganz unerwartet in den sonderbarsten Winkeln deines Kopfes. Sie können schön, sie können auch hässlich sein. Sie können dich durcheinanderbringen, dich wie ein Blitz aus heiterem Himmel treffen oder dich ganz langsam überzeugen. Es kann auch vorkommen, dass du sie gar nicht verstehst und deshalb nicht als Idee erkennst! Oft verstecken sie sich in Träumen, manchmal verkleiden sie sich. Sie kommen, während du isst, wenn du gerade liest, beim Sprechen, beim Spielen, wenn du dir in der Nase bohrst, und besonders gern, wenn

du gerade an einem stillen Örtchen sitzt (lach nicht, das ist ein berühmter Ort, bekannt dafür, gute Ideen entstehen zu lassen!), kurz bevor du einschläfst und garantiert immer im Schlaf, nur dass wir sie im letzten Falle dann beim Aufwachen meistens schon wieder vergessen haben. Irgendetwas ist wirklich komisch mit diesen Ideen.

Wer weiß, vielleicht werden die Ideen gar nicht von uns hergestellt, und sie besitzen ein Eigenleben? Könnte es nicht sein, dass sie sich ganz von alleine dazu entschieden haben, dass du es sein wirst, der sie entdeckt? Schwirren sie wie unsichtbare Geister im Raum umher, auf der Suche nach der richtigen Person, der sie dann ruck, zuck! in den Kopf fahren? Möglich ist es. Aber es hat keinen Sinn, darüber zu streiten, denn niemand auf der ganzen Welt kann auf diese Fragen eine sichere Antwort geben.

Unsere Sprache hilft uns, das Problem besser zu verstehen: Wir sagen »mir ist eine Idee gekommen« und nicht »ich habe eine Idee gemacht«. Das bedeutet ja eigentlich: Ideen kommen *zu* uns, nicht *aus* uns!

Auch das Wort »Einfall« bedeutet, dass etwas in uns (hinein)fällt, nicht aus uns (heraus)wächst. Kurz gesagt: Sie tun eigentlich nur das, was sie wollen, die Ideen. Auch dafür sind sie berühmt.

Wie immer dem auch sei, schauen wir mal, ob wir irgendwie Ordnung in die Ideen bringen können.

a) Einige Ideen sind wie schillernd bunte Fantasie-vögel. Stell dir Folgendes vor: Du stapfst gerade mit Tropenhelm und einer Machete in der Hand durch den dicksten Urwald in Amazonien, als solch ein Fantasievogel rasend schnell an dir vorbeiflattert. Es bleibt dir keine Zeit, ihn richtig ins Auge zu fassen, du hörst seine Flügel schlagen, du siehst etwas Farbiges, und schon ist er weg. Selbst wenn du bemerkt hast, dass das Federvieh in Wirklichkeit eine Idee gewesen ist, ist sie längst hinter Blättern und Bäumen verschwunden. Ihr nachlaufen kannst du nicht, zurück kommt sie schon gar nicht, und so bleibt dir nichts anderes übrig, als weiter allein durch den Urwald zu stapfen.

Es gibt solche Ideen. Nicht häufig, aber es gibt sie. Irgendwann im Leben begegnen sie uns, oder anders gesagt: Sie flattern an den meisten Personen vorbei, ohne je gesehen zu werden. Oder sie werden zwar gesehen, aber nicht erkannt. Und wer sie nicht sieht, wer sie nicht erkennt, wer sich nicht die Zeit nimmt, darüber nachzudenken, dem nützen sie nichts. Traurig, aber wahr. Vielleicht zuckt eine verrückt-geniale Idee einem Straßenbahnschaffner in São Paolo durch den Kopf, aber er kann damit nichts anfangen, und fünf Minuten später flattert dieselbe Idee am Fenster eines Designers in Pinneberg vorbei, der gerade vor einer Zeichnung mit Gartenstühlen sitzt. Der Designer hat mehr Glück als der Straßenbahn-schaffner, er macht nämlich in diesem Moment absolut gar nichts und sieht aus dem Fenster, erkennt die Idee im Fluge, entwirft in null Komma nichts ein neues revolutionäres Handy und wird dadurch weltberühmt. Die Fantasievögel-Ideen sind geniale und verrückte Einfälle, die aus dem Nichts kommen. Ob jede dieser Ideen so lange um die Welt flattert, bis endlich eine Person ihre Anwendung erkennt, oder ob sie sich irgendwann einmal in Nichts auflösen, weiß niemand. Wenn du Lust hast, kannst du darüber selber eine Geschichte erfinden!

Als Beispiele für Fantasievögel-Ideen kann man tolle Sachen aufzählen: den Büchsenöffner; den Korkenzieher, den Reißverschluss, die erste Dampfmaschine, Leonardo Da Vincis ersten Helikopter und vieles mehr.

b) Andere sind wie Forellen, die in einem Gebirgsbach schwimmen: Du erkennst nur, wie sich durchsichtige Schatten unter der Wasseroberfläche bewegen, aber du siehst sie nicht genau, und wenn du versuchst, sie aus der Nähe zu betrachten, sind sie bereits entwischt, was nichts anderes bedeutet, als dass du die Idee verloren hast. Du kannst lernen, die Forellen-Ideen festzuhalten, aber dafür musst du dich völlig konzentrieren, alles andere um dich herum vergessen, dich ihnen mit äußerster Vorsicht und ganz langsam nähern, um sie nicht zu erschrecken. Verlierst du die Konzentration, so fliehen sie, und du findest sie nie wieder. Um sie zu »fangen«, brauchst du viel Geduld, Ruhe, Zeit und einen klaren Kopf.

Forellen sind eine ganz andere Kategorie von Ideen als die Fantasievögel. Die Vorsicht und Geduld, die dazu gehört, sie zu erkennen, zeigt schon, dass es sich um Ideen handelt, die man *bewusst* sucht, die *bei der Lösung eines bestimmten Problems* helfen können, *an dem man schon arbeitet.* Unser Designer in Pinneberg saß vielleicht seit zwei Monaten über dem Design eines vierbeinigen Gartentisches, als ihm die Idee kam, einen dreibeinigen Tisch zu entwerfen … Forellen-Ideen können zwar ziemlich genial sein, aber sie sind nicht verrückt wie die Fantasievögel von vorhin.

Als Beispiele hierzu können wir Ideen anführen, die bereits existierende Apparate, Geräte, Rechnungen usw. radikal verbessert oder vereinfacht haben: luftgefüllte Wagenreifen (zuvor waren sie aus Hartgummi), das Handy (Telefon ohne Kabelanschluss), digitale Fotokameras und Millionen anderer Verbesserungen.

c) Wieder andere Ideen tanzen dir flatternd durch die Luft entgegen wie seltene, bunte Schmetterlinge, lassen sich plötzlich auf einer Blüte nieder, schließen die Flügel und verweilen dort zitternd, sodass du Zeit hast, sie aus der Nähe zu betrachten, sie zu beobachten und zu begreifen.

Das sind kleine und nette Ideen, die dich ausgewählt haben, gerade dich unter allen Menschen auf der Welt! Sie lassen sich viel leichter festhalten und erkennen als die Fantasievögel und die Forellen, aber leider gibt es nicht sehr viele, und sie kommen uns nur selten besuchen. Halt! Das ist falsch. Ich drehe den Satz besser um: Es setzen sich jeden Tag Schmetterlinge auf unsere Blüten, aber die meisten Menschen haben heutzutage wenig Zeit für Schmetterlinge, sie denken an anderes oder haben anderes zu tun, sind ganz einfach nicht neugierig genug, über etwas länger nachzudenken, und so fliegen ihnen die Schmetterlings-Ideen wieder davon …

Beispiele dazu gibt es Tausende, aber sie sind nicht berühmt, und man wird mit ihnen nicht reich, jedoch helfen sie uns täglich aus der Klemme: Wenn uns etwas fehlt, erfinden wir mit Schmetterlings-Ideen einen Ausweg, wenn die Hausfrau aus fünf Essensresten ein tolles Essen zusammenkocht, dann hat sie vorher kurz nachgedacht und eine Schmetterlings-Idee gehabt, wenn du mit einem alten Golfball und Opas Wanderstock ein Minigolf-Turnier im Wohnzimmer organisierst, auch …

d) Dann ist da noch eine letzte Ideengruppe ganz anderer Art: Es sind ganz feste, massive Ideen, hart und grau wie ein riesiger abgeflachter Findling (so heißen große, von vergangenen Gletschern transportierte Felsbrocken) am Rand eines Abhangs im Gebirge, wo du lustlos seit Stunden mit deinen Eltern irgendeinem Wanderpfad folgst. Du setzt dich müde auf den Felsbrocken, nimmst dein Butterbrot aus dem Rucksack und beißt hinein, während du der Ansicht bist, der blöde Felsen wäre nicht einmal mit

Dynamit zu bewegen. Ich bin ziemlich sicher, dass du dich gerade fragst: »Was soll ich überhaupt mit dem doofen Stein anfangen? Ich sitze darauf und esse mein Butterbrot und warte auf eine Erklärung. Das ist doch gar keine Idee! Ich will Ideen, keine Felsbrocken.« Stimmt's?

Falsch. Auch Findlinge sind Ideen. Und sie sind sogar leichter zu bewegen als andere, wenn man noch nicht daran gewöhnt ist, Geschichten zu schreiben. Stell dir mal vor, was geschehen würde, wenn dieser Stein auf dem Abhang ins Rutschen käme … Er bewegt sich plötzlich unter deinem Hintern, ein leichtes Zittern, ein Rütteln, du wirfst erschrocken das Butterbrot in die Luft und springst wie von der Tarantel gestochen vom Findling herunter. Vor deinen aufgerissenen Augen kippt er zur Seite und beginnt, sich langsam den Hang herunterzuwälzen, wird aber dann immer schneller, überschlägt sich einmal, zweimal, prallt gegen andere Steine, die sich jetzt ebenfalls in Bewegung setzen, immer mehr Felsbrocken am Abhang mit lautem Getöse mitreißen. In Sekundenschnelle ist daraus eine große Lawine geworden. Welch ein Krach! Während du mit offenem Mund ins Tal hinunterstarrst, bemerkst du plötzlich, dass weit unten auf dem Pfad im Talgrund eine Gruppe von Menschen zu einer Berghütte unterwegs ist. Aber nun wälzt sich ein Meer von enormen Felsbrocken den Abhang hinab, genau auf die Wanderer zu, und du erkennst auf einmal, dass es ihnen nie gelingen wird, sich zu retten. Es ist klar, dass sie in wenigen Sekunden in den Tod gerissen werden, und du beginnst zu schreien und die Arme zu schwenken, aber sie sehen dich nicht, sie können dich gar nicht hören, die Steinlawine ist zum brüllenden Monster geworden, das die Wanderer verschlingen wird und ...

Aber hattest du nicht gerade noch gesagt, die Geschichte mit dem Findling sei überhaupt keine Idee? Und trotzdem, es genügt, einen Stein ein bisschen zu bewegen, und schon ist der spannende Anfang oder das traurige Ende einer Geschichte daraus geworden.

Siehst du: Es kommt gar nicht so sehr darauf an, wie bunt und wertvoll deine Ideen sind, sondern vor allem, *was* du aus ihnen machst und *wie* du sie zusammenfügst. Du brauchst keine Fantasievögel und keine Forellen, nur ganz selten eine Schmetterlings-Idee. Ein paar ganz normale Steine genügen schon.

Zum Schreiben einer Geschichte brauchst du zwar eine Idee, aber nicht unbedingt eine großartige, gewaltige, geniale, einzigartige, tolle ... Solche Ideen schleichen sich in die Köpfe der Genies, und das Geniale an den Genies ist: *Sie* verstehen sie, lassen sie nicht wieder wegfliegen. Die großen Künstler der Geschichte, die Erfinder, kurz und gut: *Ganz besondere Menschen* haben *ganz besondere Ideen* gehabt und entwickelt. Darum sind sie auch besondere Menschen, und wir können ihre Namen im Lexikon nachlesen. Was zum Thema »geniale Ideen« auch noch gesagt werden muss: Menschen, die sich mit einem ganz bestimmten Thema jahrelang intensiv beschäftigen, verstehen natürlich manche geniale Idee zu diesem Thema sofort, während normale Sterbliche wie du und ich vielleicht gar nichts damit anzufangen wissen.

Dir dagegen genügt eine kleine, normale Idee: ein Stein, ein Bleistift, die getüpfelten langen Unterhosen der Prinzessin Watanabe aus Rosapunktanistan, die dicke Fliege, die du im Metzgerladen beobachtet hast ... Was auch immer dir gerade in den Sinn oder unter die Augen kommt, kann zu einer Geschichte werden. Praktisch alles! Du musst dich umsehen, die kleinen Stein-Ideen nur ergreifen, sie in deinem Notizbuch festhalten, um dann mit ihnen zu spielen und ein bisschen mit Lust und Erfindungsgeist daran zu arbeiten. Ob dann in deiner Geschichte ein Anfang oder ein Ende aus dieser ersten Idee wird, ist im Grunde gar nicht so wichtig, und was du damit machst, liegt an dir.

Wie man das anpackt, wie man aus einer Idee eine ganze Geschichte entwickelt, daruber werden wir später ausführlich sprechen.

Auch dieses Buch ist eine kleine, normale Stein-Idee: ein Buch, das erklärt, wie einfach man eine Geschichte erfinden und schreiben kann. Basta.

Auf den nächsten Seiten wirst du entdecken, dass du noch viele andere Ideen in dir hast. Sehr viele!

Deine Ideen würden ausreichen, ein Buch mit tausend Geschichten zu füllen!

Denke einen Augenblick über das Wort »Idee« nach. Was bedeutet das Wort Idee für dich? Schreibe auf, was dir dazu in den Sinn kommt (wenn dir nichts einfällt, gib wenigstens Beispiele dafür, was eine Idee für dich sein kann).

Wenn du fertig bist, frage deine Eltern, Geschwister oder Freunde, was sie unter dem Wort verstehen. Versuche zu verstehen, was die anderen *anderes* zu sagen haben. Dabei wirst du bemerken, dass jeder eine andere Vorstellung von dem Wort »Idee« hat! Und wenn du willst, kannst du dann nachlesen, was im Lexikon zu diesem Begriff steht. Du wirst sehen, dass es dort ein halbes Dutzend verschiedener Bedeutungen des Wortes »Idee« gibt. Und eine von diesen Bedeutungen wird auch für dich passen!

Hast du jemals eine richtig schöne Idee gehabt? Dann notiere sie in deinem Notizbuch. Auf diese Weise wird dein Notizbuch zu einer Schatztruhe voller Ideen, die du für deine Geschichten verwenden kannst. Das machen übrigens weltberühmte Autoren auch!

 Eben habe ich dir vier verschiedene Kategorien von Ideen beschrieben. Welche davon ist deiner Meinung nach die schönste und wichtigste Art? Warum?

Nun zähle ich dir einige Berufe auf. Neben jeden Beruf schreibst du die Art Idee (a, b, c, d), die deiner Meinung nach für diesen Beruf nötig ist. Überlege gut, weil diese Ideen für einige Berufe wohl wirklich nicht nötig sind, für andere dagegen könnten es zwei oder drei sein.

Wissenschaftlerin ....

Erfinder ....

Maurer ....

Schriftstellerin ....

Fotograf ....

Komponistin ....

Taxifahrer ....

Politikerin ....

Lehrer ....

Malerin ....

Verkäufer ....

Versuchen wir jetzt, andersherum zu fragen (manchmal genügt es, Fragen einfach umzudrehen, um sie besser zu verstehen). Hier siehst du einige Erfindungen oder Kunstwerke aus der Geschichte der Menschheit. Schreibe daneben die Art Idee (a,b,c,d), die deiner Meinung nach nötig war, um dieses Werk zu schaffen:

ein berühmtes Gedicht ....

der Korkenzieher ....

das Antibiotikum ....

der Nagel ....

Für einige Gegenstände, Werke oder Maschinen war mehr als eine Idee nötig. Manchmal war eine Erfindung das Ergebnis jahrelanger Arbeit vieler Menschen, zu der vielleicht jeder mit einer eigenen Idee beigetragen hat (die jedoch alleine zu der Erfindung nicht ausgereicht hätte). Wenn du verstanden hast, wovon wir gerade sprechen, schreibe zwei oder drei Beispiele auf:

Nun versuche zu erklären, welche Art von Idee (a,b,c,d) für deine Beispiele nötig war:

Sehr gut. Versuche jetzt, berühmte Ideen und Persönlichkeiten für die unten genannten drei Arten von Berufen zu finden:

Erfinder: ....

Wissenschaftlerin: ....

Verkäufer, Dachdecker, Finanzbeamtin, Zahnarzthelferin: ....

Leonardo da Vincis Ideen beispielsweise kannst du zu zwei Kategorien zählen: Erfinder und Wissenschaftler.

Wetten, dass du für die letzte Zeile keine treffende Art von Idee gefunden hast? Was bedeutet das? Heißt das etwa, dass eine Finanzbeamtin oder ein Verkäufer niemals eine Idee haben oder brauchen?

Donnerwetter! Schlimm! Wie traurig und langweilig wäre unsere Welt! Das kann nicht stimmen, und das stimmt auch nicht. Millionen Menschen, Angestellte, Arbeiter, Bauern, Jägerinnen, Postboten, Schmiede, Förster, Unterhosenhersteller oder wer auch immer, alle haben sie Ideen, wahrscheinlich jeden Tag in ihrem Leben.

Wer in einem Kino arbeitet, in einem Tonstudio, wer Häuser entwirft oder Handys, wer malt (sei es auch nur für sich selbst), wer spielen will, ohne ein Spiel zu haben, wer sich amüsieren will, ohne Geld zu besitzen – wir alle brauchen ständig Ideen.

Meistens werden diese Menschen für ihre Ideen später nicht berühmt. Das ist auch nicht schlimm, es sind und bleiben Menschen mit einer gewissen Erfindergabe, und die nutzen sie für ihre jeweiligen Arbeiten, sonst würden sie ihren Beruf schlecht ausüben.

Genauso kannst du deine Geschichte schreiben. Mit den Gedanken, die dir in den Kopf kommen. Mit *deinen* Gedanken. Das macht nämlich großen Spaß. Mehr, als du denkst.

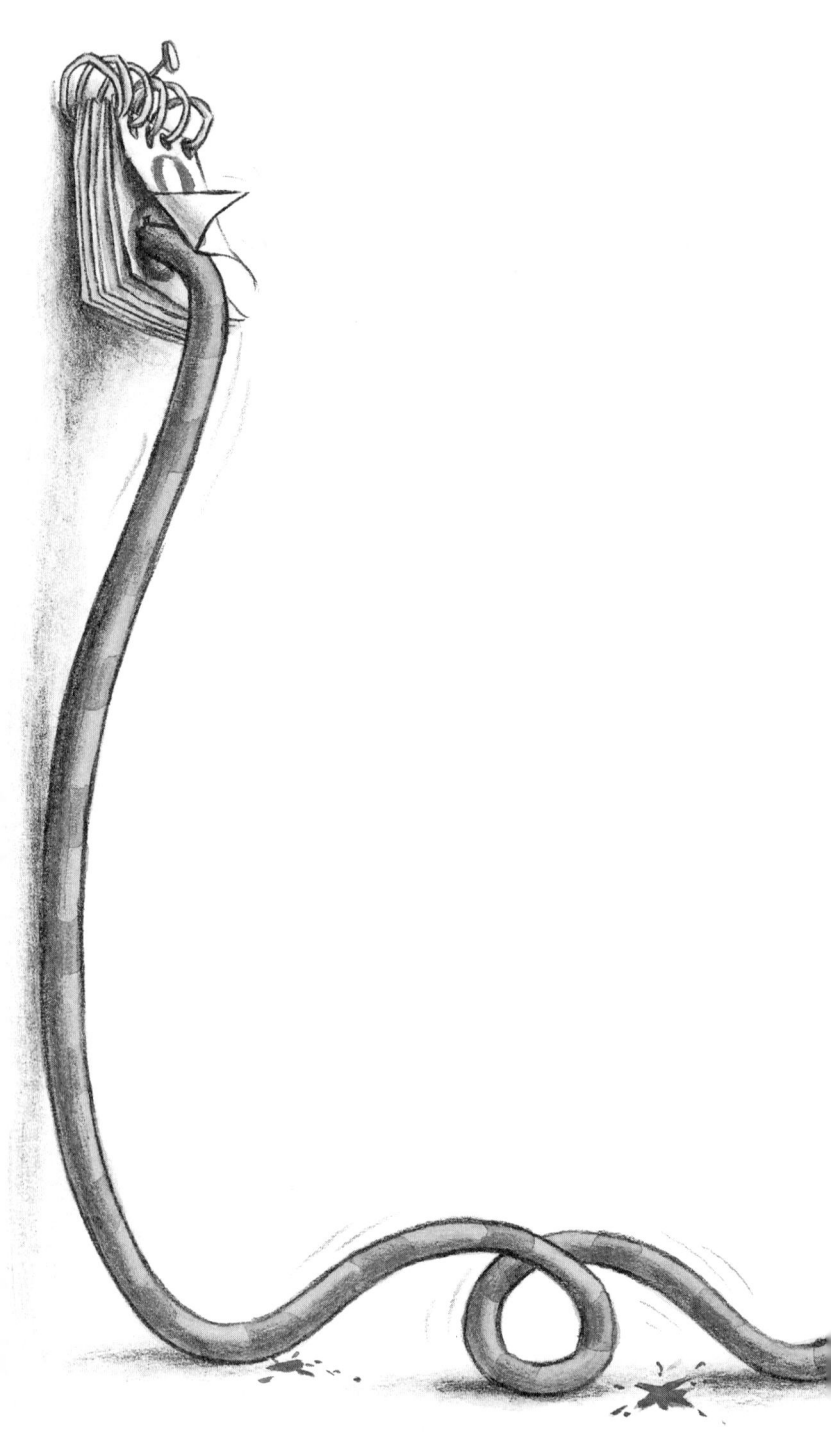

Zweites Kapitel

Wie die Idee
zur Geschichte wird

Bevor es der Geschichte an den Kragen geht, möchte
ich ganz kurz ein paar Worte zum Wort »Geschichte«
verlieren. Das ist nämlich ziemlich wichtig.

Geschichten sind nicht aus Holz oder aus Metall,
sondern aus Sprache gemacht. Manchmal genügt es,
eine ganz normale, einfache, tagtägliche Sprache für
eine Geschichte zu benützen, aber oft wird eine poe-
tische Sprache notwendig. Das Wort »poetisch« soll
aber keineswegs erschrecken, denn
auch dazu gibt es Regeln und
Gesetzmäßigkeiten. Die
sind oft gar nicht so

schwer zu erlernen, und du wirst sie in diesem Buch kennenlernen. Das Buch ist im Grunde nichts anderes als eine Gebrauchsanweisung, wie man aus Sprache (besser: mit der Sprache) etwas »bauen« kann, das Spaß bereitet.

Jetzt ist es aber wirklich an der Zeit zu entdecken, wie eine Idee zu einer schönen Geschichte wird. Auf die Plätze! Fertig! Los!

 *Hallo!*

Ich heiße Sibissibis und bin eine gelbe Schlange mit roten Streifen! Bevor ich aber Sibissibis wurde, bevor ich überhaupt eine Schlange wurde, gab es mich gar nicht, ich war überhaupt nicht da. Oder besser: Ich war ein kleiner bunter Schmetterling, der von Blüte zu Blüte flatterte, ohne je von einer Person gesehen zu werden.

Eines schönen Tages bekam ein Junge namens Andrea plötzlich Lust zu zeichnen. Er war damals vier Jahre alt. Er setzte sich an den Küchentisch, nahm Stifte und ein Blatt Papier, schaute erst eine Weile an die Wand, dann einen Augenblick auf das weiße Papier und fing schließlich an, mit einem roten Stift den Umriss einer Schlange zu zeichnen. Dann nahm er den gelben Stift und malte den Körper an. Am Ende bin ich so geworden, wie du mich hier siehst. Schön, nicht wahr?

Ich war also zuerst eine Schmetterlings-Idee. Hätte Andrea mich nicht entdeckt, wäre ich niemals eine Schlange geworden und hätte auch nicht diesen seltsamen Namen bekommen: Sibissibis. Zum Glück sehen kleine Kinder die Schmetterlings-Ideen viel öfter als die Erwachsenen, sonst gäbe es mich heute noch nicht, und wenn es mich nicht gäbe, existierte auch dieses Buch nicht!

Wie ich zu meinem Namen gekommen bin, ist übrigens eine interessante Geschichte: Andreas Vater arbeitet in einem Fotokopierladen, und weil ihm Andreas Zeichnungen so sehr gefielen, kam ihm plötzlich eine Schmetterlings-Idee und er beschloss, die zwölf schönsten Bilder seines Sohnes in einem Kalender zu sammeln. Für jeden Monat suchte er eine Zeichnung aus und schrieb darunter jeweils die Tage des Monats, damit es ein richtiger Kalender werden würde, den man an die Wand hängen konnte. Gesagt, getan. Dann hat er den Kalender zwanzigmal kopiert und zu Weihnachten Freunden und Bekannten geschenkt. Darunter war zufällig ein Mann namens Georg, der einen besonders interessanten Beruf hat. Er sammelt Ideen, um daraus Geschichten zu machen.

Dem Mann hat der Kalender ausgesprochen gut gefallen: Er hat ihn in seiner Küche an die Wand gegenüber dem Esstisch gehängt, sodass er beim Essen oft hingeschaut und jedes Mal gedacht hat: »Unglaublich! Was hat Andrea da für schöne Zeichnungen gemacht!«

Die Zeit verging. An jedem ersten Tag eines Monats blätterte er die Seite um, und eine neue Zeichnung kam zum Vorschein. Am ersten August war endlich ich dran, der August war mein Monat, gehörte mir allein.

In jenem August gab es mich nur als Bild. Ich war schon eine schöne gelbe Schlange mit roten Streifen, aber ich hatte noch keinen Namen und schon gar keine eigene Geschichte. Ich war eine Zeichnung auf dem Augustblatt eines Kalenders, das war alles. Einen ganzen Monat lang beobachtete ich den Mann in seiner Küche, und der Mann sah mich mit seinen blauen Augen an, während er Spaghetti oder Osso-buco aß (er lebt nämlich in Italien). Ansonsten passierte nichts Besonderes, bis zum 31. August spätabends, da kam er gerade in Unterhosen aus dem Bad, ging an mir vorbei in Richtung Schlafzimmer. Plötzlich blieb er stehen, machte einen

Schritt zurück, sah mich eine Weile aus müden Augen an, brummte dann »ach ja!« und drehte das Blatt mit mir darauf um. So verschwand ich blitzartig unter der Septemberseite des Kalenders. Danach hing ich tagelang im Dunkeln, sicher, für immer vergessen zu sein.

Ich kann dir sagen, ich war ganz schön traurig!

Dann, an einem Nachmittag gegen zwei Uhr, es war an einem Samstag Ende Oktober, ist Georg von seinem Stuhl aufgestanden (ich konnte ihn zwar seit zwei Monaten nicht mehr sehen, weil ich zugedeckt war, aber ich hörte ihn natürlich noch, wir Schlangen haben ausgezeichnete Ohren!) und hat den Kalender von der Wand genommen. Er blätterte die Seiten hastig um, bis er zu meinem Bild kam und ich ganz vom gleißenden Licht geblendet war. Mein Herz schlug mir bis zum Hals, so aufgeregt war ich. Eine Minute lang schaute Georg mich mit seinen blauen Augen an, rief dann triumphierend »aha!«, rannte mit mir in sein Wohnzimmer und legte mich auf seinen Schreibtisch. Ich sah, wie er den Rechner anstellte und kurz darauf ganz schnell zu schreiben begann.

Ich wusste, was passiert war: Meine Geschichte war ihm in den Kopf gekommen, ganz einfach so, von einem Augenblick auf den anderen. Vielleicht hatte er gar nicht an mich gedacht ... So sind Ideen nun mal! Mir platzte fast das Herz vor Stolz! Und nun saß Georg an seinem Rechner, sah mich interessiert an, manchmal hat er sich am Bauch gekratzt, manchmal hat er gelächelt, sicher an die hundert Mal hat er »aha« gemur-

melt, immer wieder ins Wörterbuch geschaut und stundenlang geschrieben. Hier und da hat er sogar richtig laut gelacht (was mich, ehrlich gesagt, richtig gefreut hat, denn es bedeutete, dass meine Geschichte auch lustig wurde!). Abends hat Georg nicht einmal gegessen, so konzentriert war er – auf mich! Irgendwann, es war schon weit nach Mitternacht, war er fertig. Ganz plötzlich besaß ich meine Geschichte und sogar einen wunderschönen Namen: Sibissibis. Seitdem bin ich eine stolze Schlange.

Du siehst also: Im Grunde ist Sibissibis, so wie er jetzt ist, aus drei ganz verschiedenen Ideen entstanden! Die erste kam Andrea, als er den Filzstift in die Hand genommen hat. Die zweite kam seinem Vater, aber das war erst viele Monate später, als Andrea bereits Hunderte von tollen Zeichnungen gemacht hatte. Und die dritte kam mir, denn als Schriftsteller sammelt man jeden Tag hundert Ideen, um daraus vielleicht einmal tolle Geschichten zu machen.

Die erste ist in vielfacher Hinsicht die wichtigste. Hätte Andrea nicht die tolle Zeichnung gemalt, hätte sein Vater nie den Kalender für seine Freunde fotokopieren können. Andrea hat der Schlange eine Form gegeben, einen Körper und die schönsten Farben, auf die er zu Recht ganz stolz sein kann.

Doch die zweite Idee ist auch wichtig. Ohne den Kalender wäre die Zeichnung von der gelb-roten Schlange nie in meine Küche gelangt. Niemand anders hätte die Schlange sehen können, denn sie wäre zusammen mit den anderen tollen Zeichnungen irgendwann in einer Schublade von Andreas Schreibtisch gelandet und vielleicht Jahre später beim Hausputz von seiner Mutter weggeworfen worden (dafür sind nämlich Mütter ziemlich berühmt-berüchtigt).

Und ich hätte nie über genau diese Schlange schreiben können, denn erst durch die dritte Idee kam die Schlange zu einer wirklichen Geschichte, die ihr einen Namen gegeben hat, einen abenteuerlustigen Charakter, eine Gruppe von Schlangenfreunden, den sengend heißen Wüstensand, wo sich die unterirdische Stadt der Schlangen befindet, das verlassene Haus zwischen den Dünen ... kurz: das geheimnisvolle Abenteuer, das ihr zugestoßen ist, oder anders gesagt, ihr ganz eigenes, persönliches Sibissibis-Leben.

Jetzt brennst du vielleicht vor Neugier, mehr zu erfahren. Das Wort »Abenteuer« hat dein Interesse geweckt? Willst du die Geschichte vielleicht lesen?

Kein Problem. Hier ist sie:

 *SIBISSIBIS*

Sibissibis, eine gelbe Schlange mit roten Streifen, strich streichelnd durch den sengenden Sand in Richtung Süden. Seine Schuppen schabten über die Sandkörnchen, und der Wüstensand sang seine sanfte Musik, so süß

wie das Flüstern fürstlicher Seide unter den Fingerspitzen eines Stoffverkäufers.

Sibissibis, Sechster der sechs Schlangen des Priesterlichen Wissens, wusste alles, was Schlangen wissen mussten. Er verstand die Steine. Er hatte die Sahara im Priesterseminar studiert. Sibissibis kannte jedes einzelne Sandkörnchen wie seine Westentasche, hatte bei sengender Sonne die Sanddünen der Sahara von Osten nach Westen, hin und zurück, im Zickzack durchzuckelt, die tiefsten Geheimnisse des Dünendaseins und gleichzeitig den Sinn des Schlangenlebens verstanden.

Sechs Uhr abends. Sibissibis schlängelte sich schnittig die große Düne hinauf, schwenkte nach links ab, meisterte spielend die letzte steile Steigung und streckte sich sodann auf der Spitze der Düne auf dem heißen Sand aus. Er beobachtete regungslos das Verlassene Haus, dessen Umrisse in der Hitze der Sahara am Fuße der großen Düne zitterten.

Nur sechs hatten die Erlaubnis, das Verlassene Haus zu besichtigen. Es hieß, dem Erscheinen eines Himmlischen Geschenks aus dem Sonnenbrunnen beizuwohnen. Nur sie, die sechs Schlangen des Priesterlichen Wissens, konnten sich dorthin begeben, außerdem niemals mehr als eine einzelne Schlange zur gleichen Zeit. Nur eine einzige der sechs Schlangen des Priesterlichen Wissens, und das alle sechsunddreißig Tage, besser gesagt: alle sechs Wochen. Diese strenge Folge existierte bereits zu einer Zeit, als die Schlangen nur zischelten und noch nicht sprachen.

Alle sechs Wochen hoffte die auserwählte Schlange des Priesterlichen Wissens sehnsüchtig, dass ihr ein ganz besonderes Geschenk aus dem Sonnenbrunnen zufiele. Ein besonderes Geschenk hieß vor allem, dass dieses transportiert werden konnte. Bei zu großen Gegenständen war die Schlange nicht imstande, sie über die Dünen und durch die Wüste bis zum Tempel der unterirdischen Häuser zu schleppen. In diesem Fall musste sie das Geschenk im Zimmer des Sonnenbrunnens zurücklassen und durfte den anderen Schlangen nichts über das Geschehene erzählen.

Alle anderen Schlangen mussten ihre Neugierde zügeln und zu Hause bleiben. Eine gewöhnliche Schlange wäre im Verlassenen Haus sofort besinnungslos auf die Steinfliesen gesunken, wäre zusammengeschrumpft, schnell ausgetrocknet, und ihr Skelett hätte sich später im Sonnenbrunnen schnipp, schnapp! in Nichts aufgelöst, wäre blitzartig verschwunden. Das war so sicher wie die Tatsache, dass Schlangen züngeln. Alle Schlangen in den unterirdischen Behausungen wussten das.

Deshalb war heute in der Wüste nicht eine einzige gespaltene Zungenspitze einer sterblichen Schlange zu sehen: Alle hielten sich in ihren Behausungen unter dem Sund der Sahara versteckt, ängstlich spähend und scheu zischelnd, in zeitvertreibenden, nervenzerreibenden, tuschelnden Diskussionen zum entsetzlich interessanten Thema, was Sibissibis bloß aus dem Sonnenbrunnen zurückbringen würde. Denn heute war Sibissibis der Auserwählte.

Das Verlassene Haus stand still unter der sinkenden Sonne. Seine schwarzen Schatten wuchsen jetzt schnell, wurden sichtbar länger, schlichen sich wie ausgestreckte, starre Schlangen über den sengend heißen Sand. In Kürze würde das Reich der Finsternis die Sahara beherrschen.

Sibissibis starrte reglos von der Spitze der Sanddüne zum Verlassenen Haus hinunter. Die Sandstürme der letzten Jahrzehnte hatten es fast im Sand versinken lassen. Zerfallene Steinmauern und große, spitz auslaufende Säulenstücke standen verstreut in einer Senke der Sahara. Steine, vor langer Zeit von sachkundigen Händen eines Volkes behauen, von dem nichts zurückgeblieben war als dieses rätselhafte Haus, und, in seinem Zentrum ...

stand geheimnisvoll ...

... der Sonnenbrunnen!

Die heiligste Stätte sämtlicher Schlangen.

Als sich die Sonne zum Horizont herabsenkte und die Schatten der Säulen zur großen Sanddüne hochzüngelten, zuckte Sibissibis zusammen. Jetzt ging es los! Es war so weit!

Schreckerfüllt schlängelte sich die Sechste Schlange des Priesterlichen Wissens auf das Verlassene Haus zu, schlich lautlos zum Türpfosten des Einganges. Sanddünen waren durch die leeren Fensteröffnungen bis ins Innere des Hauses gedrungen.

Der Sonnenbrunnen befand sich gleich links hinter der zweiten Türschwelle. Die einzigen sichtbaren Schlan-

genspuren im Sand mussten von Abbassabba sein, der Fünften Schlange des Priesterlichen Wissens. Er hatte vor sechs Wochen als Letzter das Verlassene Haus besucht, um dem Erscheinen eines himmlischen Geschenks beizuwohnen.

An der Südwand des Zimmers, in einem grobgezimmerten Holzgestell, standen zahlreiche Gegenstände. Einfach deshalb, weil sie zu groß waren, um von einer Schlange des Priesterlichen Wissens fortgetragen zu werden.

Eine Sekunde lang bestaunte Sibissibis regungslos die seltsamen Sachen. Sie waren rätselhaft, besaßen unbekannte Formen, meistens sogar absolut unbeschreibbar für eine Schlange.

Sibissibis riss sich zusammen. Er musste jetzt sehr schnell sein. Als Zeichen seiner Unterwerfung näherte er sich dem Sonnenbrunnen mit gesenktem Kopf. Er zischte leise: »Heiliger Sonnenbrunnen im Verlassenen Haus, höre mich an. Ich, Sibissibis, Sechste Schlange des Priesterlichen Wissens, ersuche Dich, dass es ein ganz besonderes Geschenk sei!« Es war das spezielle Gebet, das die Priesterlichen Schlangen zischten, bevor das Geschenk aus dem Nichts erschien.

Jetzt sank die Sonne schnell!

Die Sonne begann, hinter der großen Sanddüne zu versinken. Ihre glänzenden Strahlen strichen durch das westliche Fenster über den oberen Rand des Steinsimses und ließen den Sonnenbrunnen urplötzlich erglänzen. Sibissibis erstarrte verzaubert.

Der Sonnenbrunnen bewegte sich!

Sibissibis' schwarzer Schatten zeichnete sich scharf auf der steinernen Wand im Hintergrund des Raumes ab, einmal hier, einmal dort, sprang, zuckte und tanzte in schnellen Schwüngen, zerfloss in bizarren und seltsamen Formen, aber Sibissibis sah nichts von diesem Schattenspiel. Er starrte fasziniert auf den Sonnenbrunnen, der ganz in glänzendes Licht getaucht war, eine Explosion strahlender Farben umspielte seine riesigen Steine aus längst vergessenen Zeiten. Zuletzt, nur Sekunden waren verstrichen, zerriss ein betäubendes, singendes Zischen das Schweigen des Verlassenen Hauses:

»sssSSSHHHhhh.«

Ein zitronengelber Gegenstand schlug auf die große Steinplatte unter dem Sonnenbrunnen. Die Sonne versank nun blitzschnell, verschwand lautlos hinter der großen Sanddüne im Westen. Gleichzeitig erlosch der Sonnenbrunnen.

Der Gegenstand war ziemlich klein und gelb. Zitronengelb wie Sibissibis, aber mit seltsamen Zeichnungen und einem gelben Papierstreifen. Er besaß einen runden Querschnitt und endete links in einer gelben Halbkugel.

Sibissibis betrachtete respektvoll das zitronengelbe Röhrchen. Seine Oberfläche war etwas durchsichtig und ziemlich weich. Auf dem gelben Papierstreifen sah er Schriftzeichen. Vielleicht schaffte es Sibissibis, die Schrift zu entziffern?

Sibissibis konnte lesen, die höheren Zeichen der Hei-

ligen Schrift der Schlangen wusste er zu meistern. Er war nicht umsonst eine Priesterschlange!

Er schlängelte sich scheu zum Röhrchen und schob es mit dem Kopf vorsichtig zur Seite. Es begann, sich auf der Steinplatte zu drehen, und hielt kurz darauf an. Jetzt waren die Schriftzeichen zu sehen. Und Sibissibis, die Sechste Priesterschlange, las zischelnd:

»A solvent free, non-toxic liquid glue«, stand da geschrieben, »ideal for collages, scrapbooks and much more. Turn the cap clockwise and squeeze container and rub tip over paper or card.«

Sibissibis zuckelte den Kopf von rechts nach links. Er wusste nichts mit dieser seltsamen, unbekannten Sprache anzufangen! Sie war der Sprache der Schlangen, die zumeist aus »s« und Selbstlauten bestand, kein bisschen ähnlich. Aber auf dem gelben Röhrchen standen zum Glück noch andere Schriften. Sibissibis zischelte schnell weiter:

»Χωρις διαλψτες, μη τοξικη υγρη κολλα για καρτι και καρτονι. Ιδανικη για το σχολειο, τη κειροτεχνια και πολλες αλλες κρησεις«, stand geschrieben, »Γυριστε προς τα δεξια και αφαιρεστε την εσωτερικη ασφαλεια.«

Sibissibis zuckte entzaubert mit seinem Schlangenkopf. Diese Sprache war noch seltsamer als die andere! Manche Buchstaben sahen aus, als hätte jemand versucht, eine schlängelnde Schlange zu zeichnen, z. B. ω oder ξ. Aber diesen Text zu entziffern schaffte er beim besten Willen nicht.

Trotz allem gab unsere Schlange nicht so schnell auf, denn ein letzter Text verzierte das seltsame Röhrchen. Die Schlange las jetzt schnittig mit hoher Sopranstimme, sie zischte und sang die »s« so schön, wie es nur die sechs Schlangen des Priesterlichen Wissens beherrschen:

»Colle transparente liquide, sans solvant«, zischelte sie, »idéale pour coller papier, carton … de l'école au bureau. Ôter l'embout tissu en tournant dans le sens des aiguilles d'une montre. Presser légèrement le corps du stylo pour coller comme écrit.«

Sibissibis war jetzt ziemlich verzweifelt. Manche Wörter waren den Schriftzeichen der Schlangensprache ähnlich, wie zum Beispiel »tissu« oder »sans«, aber das war schon alles. Sinn ergaben sie keinen. Der Rest war schlimmer als Chinesisch!

Vielleicht wären die sechs Priesterlichen Schlangen doch noch imstande, diesen heiligen Text zu studieren, um dessen Sinn zu verstehen? Zaghaft klammerte Sibissibis sich an diesen letzten Strohhalm. Es würde sich herausstellen, aber nicht jetzt, sondern später.

Draußen war die Sonne hinter der Sanddüne versunken. Das letzte Tageslicht wurde mit jeder Sekunde schwächer, so schnell ging das nachts in der Sahara!

»Auf geht's!«, sagte sich Sibissibis zischend. Er zischelte es ganz leise, zu sich selbst, nur um sich Mut zu machen, »schnell, schnell, es wird sonst zu dunkel!«, fasste das gelbe Röhrchen sanft zwischen seine Zähne und schlängelte sich zick-zack zum Ausgang.

Sein Kopf stieß gegen den Türpfosten aus Stein. »Autsch!« Dabei pressten sich aus Versehen seine scharfen Zähne in das Röhrchen.

Erschreckt strauchelte er, biss erneut ins Röhrchen, rutschte in seiner Panik aus und spürte plötzlich, dass eine Flüssigkeit über seinen Bauch floss. Entsetzt ließ er das Röhrchen los und sprang rückwärts, in den Eingang des Verlassenen Hauses.

Das Röhrchen rollte lautlos ein paar Sekunden auf der Stelle, dann blieb es liegen. Eine durchsichtige, zähe Flüssigkeit rann aus den zwei gezackten Löchern, die Sibissibis' Zähne gerissen hatten. Auf der Schwelle aus Stein bildete sich eine Pfütze. Ein seltsamer, stechender Geruch breitete sich aus! Was war denn das?!

Sibissibis starrte regungslos auf die auslaufende Flüssigkeit. Die Sechste Priesterliche Schlange verharrte dabei in der typischen Stellung einer Schlange, die zum Angriff oder zur Flucht bereit ist. Sibissibis' geschwungener Körper formte zwei enge Schlaufen. Unten, auf dem steinernen Fußboden, berührten sich die beiden Kurven. Es erlaubte ihm, bei geringster Gefahr hochzuschnellen wie eine gespannte Feder und schnell das Weite zu suchen. Man wusste ja nie bei diesen seltsamen Geschenken!

Aber das Röhrchen gab kein weiteres Lebenszeichen von sich und bewegte sich nicht mehr. Sibissibis stieß einen Seufzer der Erleichterung aus. Jetzt fühlte er sich besser, der Schrecken zog sich aus seinen erstarrten Gliedern zurück.

Gerade wollte er sich zum Röhrchen schlängeln, um es zwischen seine Zähne zu nehmen und schnellstens damit nach Hause zu ...

»Heiligster Geist aller sechs Priesterlichen Schlangen!«, zischte Sibissibis schreckerfüllt. »Was ist denn jetzt los?!«

Er konnte sich nicht mehr bewegen! Die Schuppen seines Körpers waren in den zwei Kurven fest zusammengeklebt und ließen sich beim besten Willen nicht mehr loslösen. Sibissibis zischte, bewegte sich, schnellte seitwärts, rollte auf der Schwelle herum, aber es war sinnlos.

Alles Krümmen und Winden half nichts. Sein langer Schlangenkörper blieb an zwei Stellen zusammengeklebt. So ein Schlamassel!

»Was nun?«, zischelte er verzweifelt. »Was passiert jetzt?«

Er wusste keine Antwort. Das Verlassene Haus stand still da. Auch der Sonnenbrunnen blieb lautlos. Längst war die Sonne hinter der Sanddüne verschwunden. Die Dunkelheit entrollte sich wie ein schwarzes Seidentuch über der Sahara und brachte unzählige Sterne mit sich, die in der Finsternis wie Abertausende winzige Diamanten glänzten.

Sibissibis gelang es beim besten Willen nicht, sich loszureißen. Seine zwei engen Kurven blieben fest verklebt, sein sonst so geschmeidiger Körper war fast nicht mehr zu bewegen.

»Wenn das mein Schicksal sein soll, oh Heiliger Sonnenbrunnen!«, *zischte er zuletzt, fast tonlos, »wenn es das ist, was du wünschst, nun, dann sei es so!«*

Er schluchzte verzweifelt: eine Schlange, ganz auf sich selbst gestellt in der unermesslichen Weite des Wüstensandes.

Als er sich etwas zusammengerappelt hatte, schlug er traurig den Weg nach Hause ein.

Sibissibis schlängelte sich nicht mehr, er schlängelte sich nicht mehr geschmeidig wie alle Schlangen. Er glitt nicht, er streifte nicht mehr leicht über den Saharasand. Wenn seine Schuppen den Sand berührten, sang und klang es nicht mehr wie flüsternde weiche Seide unter den Fingerspitzen eines Stoffverkäufers. Tollpatschig schuckelte Sibissibis über den Wüstensand zurück zur Stadt der Schlangen, und bei jedem zappeligen Sprung stolperte er, rutschte nach rechts oder nach links aus und stieß mit dem Kopf gegen den Sand. Jedes Mal musste er sich mühsam hochziehen, einige Sekunden lang durchatmen, um dann den nächsten ungeschickten Sprung heimwärts zu versuchen.

Im Zentrum der Sahara, auf der Schwelle des Verlassenen Hauses, glitzerte indessen der ausgeflossene Klebstoff im eiskalten Licht der Sterne.

So, das war also die erste Geschichte von Sibissibis. Wie alle Geschichten besteht sie aus mehreren Ideen. Ausgegangen ist sie von Andreas Zeichnung, aber das Lustige ist, dass mir die ausschlaggebende Idee für diese Story erst gekommen ist, als ich irgendwann zu Hause mit meinem Alleskleber Uhu-Pen Papierschnipsel in ein Heft klebte. Zufälligerweise ist die Tube Alleskleber genauso gelb, wie die Schlange auf Andreas Zeichnung, und in der Zeichnung hat die Schlange diese zwei engen Kurven und sieht wirklich so aus, als wäre sie *zusammengeklebt*! Während ich also den Alleskleber benutzte, kam mir die Idee, dass die Schlange aus irgendeinem Grund mit der Flüssigkeit in Berührung gekommen ist. Übrigens – sollte es den Uhu-Pen in der Tube immer noch geben – kannst du auf der Gebrauchsanleitung auf dem Röhrchen nachlesen und wirst sehen, dass ich die Anleitung in zwei der Fremdsprachen für meine Geschichte übernommen habe. Die dritte Sprache ist Griechisch, das stand nicht auf dem Röhrchen. Ich habe mir von einer griechischen Freundin dabei helfen lassen. Griechisch gefiel mir allein schon deshalb, weil sich die Buchstaben dieser Sprache wirklich wie Schlangen kringeln.

Das Spiel mit den Anleitungen in Fremdsprachen ist eine weitere Idee. Ich lese seit Jahren gerne Gebrauchsanleitungen in allen Sprachen, weil viele entsetzlich schlecht übersetzt sind und es oft herrliche Fehler gibt, die mich zum Lachen bringen. (Das haben sie bei IKEA gemerkt, denn dort benutzen sie seit jeher Gebrauchsanleitungen zum Montieren der Möbel *ohne Worte* – nur Zeichnungen!)

Die Geschichte von Sibissibis enthält aber nicht nur Ideen, die den Inhalt bestimmen, sondern auch

Ideen, die zu Besonderheiten werden. Die auffallendste von allen ist sicherlich das Spiel mit all den Zischlauten »s«, »ss«, »z« usw. Der Grund dafür liegt auf der Hand: Schlangen zischeln mit gespaltener Zunge. Also fand ich es nett, in meiner Erzählung den Schlangen ihre zischelnde Sprache sozusagen »in den Mund zu legen«. Wenn du versuchen willst, die Geschichte laut vorzulesen, besorge dir vorher eine Flasche Wasser, denn von all diesen Zischlauten wird dir der Mund schnell trocken!

Die Namen Sibissibis und Abbassabba sind noch eine andere Idee: Erstens gefallen mir seltsam klingende Namen, da ja die Schlangen auf einem fernen Planeten leben. »Fritz« oder »Franz« wären als Name nicht so interessant gewesen, glaubst du nicht? Zweitens habe ich in den Namen der Schlangen ein kleines Spiel mit den Buchstaben getrieben. Aber das hast du sicher selbst schon herausgefunden.

Zur Figur von Sibissibis kann noch etwas hinzugefügt werden. Er ist ja, im wahren Sinn des Wortes, der Hauptdarsteller. Allein schon, weil er die einzige Schlange in der Erzählung ist. Aber er ist gleichzeitig auch eine tolle Heldenfigur, denn er ist mutig, unverzagt, neugierig und lieb. Außerdem spielt ihm das Schicksal hart mit, allein dadurch wird er zum Helden (aber das wird in einem späteren Kapitel ganz genau erklärt), und der Leser »hält für ihn«, hofft, dass ihm nichts passiert. Das Lustige ist, dass er zwar die Schlangensprache beherrscht, aber leider weder Französisch noch Englisch, und Griechisch schon gar nicht. Sonst hätte er nämlich sofort verstanden, dass er es mit einem Alleskleber zu tun hat und nicht mit einem *heiligen Gegenstand*, wie er fälschlicherweise annimmt. Das ist wiederum ein Spiel, wenn auch etwas schwierig für einen Anfänger im Geschichtenerfinden: den Leser in etwas einweihen, was die Hauptfigur in der Geschichte nicht weiß. Das funktioniert oft sehr gut. So gerät Sibissibis in der Geschichte in einen schönen Schlamassel, nur weil er nicht weiß, dass die Flüssigkeit in der Tube nichts anderes als Alleskleber ist.

In diesem Kapitel haben wir anhand vieler kleiner Beispiele gesehen, wie wichtig die Ideen sind. Aber wie bringt man sie so zu Papier, dass daraus eine Geschichte wird?

Man bringt sie in eine Ordnung, das ist es!

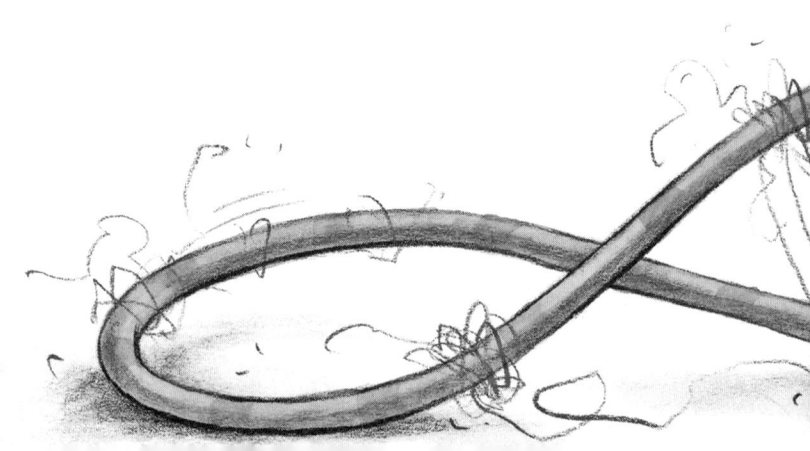

Drittes Kapitel

Ein guter Anfang ist wichtig

Der Anfang einer Geschichte ist vielleicht noch wichtiger als eine gute Idee. Es ist oft passiert, dass ein guter Anfang dem Schriftsteller zu Ideen verhilft, manchmal sogar zu einem ganzen Buch! In den ersten zwei oder drei Sätzen ist es unbedingt nötig,

die Aufmerksamkeit der Leser zu fesseln. Wenn es nichts gibt, was das Interesse des Lesers erregt, wird er keine Lust haben weiterzulesen.

Der Anfang deiner Geschichte vermittelt dem, der sie liest, eine Kostprobe, und es ist zugleich der erste Eindruck, den er von der ganzen Geschichte bekommt, die du geschrieben hast. Denn man fängt beim Lesen ja von vorne an. Klar, dass du am Anfang jeder Geschichte dein Bestes geben musst. Das ist wie bei einem Abfahrtsläufer bei der Skiweltmeisterschaft: Wenn er beim Start nicht sofort voll beschleunigt, kann er sich nachher noch so sehr steigern, er wird nie eine gute Zeit fahren …

Die ersten Sätze einer Geschichte oder eines Romans sind so wichtig, dass jedes Jahr in verschiedenen Ländern der Welt Tausende von Menschen (Schriftsteller und andere) an seltsamen Wettbewerben teilnehmen: nämlich Preisausschreiben für den besten Anfang eines Romans oder einer Geschichte. Jeder darf nur drei oder vier Sätze schreiben und einreichen (die Wettbewerbe sind unterschiedlich), und dann fällt das Preisgericht ein Urteil. Derjenige, der den besten Anfang geschrieben hat, bekommt oft einen stattlichen Preis. Manchmal ist der Preis, dass ein Verleger später das ganze Buch herausbringt. Es gibt einige fabelhafte Romananfänge in der Geschichte der Literatur. Aber auch ein weniger berühmter Roman muss einen Anfang haben, der dein Interesse fesselt, sonst würdest du ihn nicht kaufen.

Und so erstaunt es nicht, dass viele Leute, die in eine Buchhandlung gehen, um sich etwas zum Lesen auszusuchen, ein Buch auf der ersten Seite aufschlagen und den Anfang lesen. Gefällt er ihnen, kaufen sie es, sonst nehmen sie das nächste Buch in die Hand und so weiter, bis sie einen Anfang gefunden haben, der ihnen vielversprechend erscheint.

Geben wir ein paar Beispiele, wie du eine Geschichte beginnen könntest.

Beispiel a:

Gestern Abend kam Jochen um sieben Uhr nach Hause, aber seine Eltern waren noch nicht da. Auf der Treppe traf er seine Großmutter. Als wenige Minuten später seine Eltern kamen, gab Jochen seiner Mutter einen Kuss, begrüßte seinen Papa, wusch sich die Hände und setzte sich dann zum Essen an den Tisch.

Scheint dir das ein vielversprechender Anfang zu sein? Möchtest du wissen, wie es weitergeht? Wahrscheinlich nicht.

In dieser Situation scheint nichts Besonderes passieren zu können, das versteht man sofort.

Probieren wir nun, derselben Geschichte einen anderen Anfang zu geben, und strengen wir dabei unsere Fantasie etwas mehr an als bei dem Anfang in Beispiel a:

Beispiel b:

Als ich ins Haus kam, fand ich dort weder meine Mama noch meinen Papa. Ich suchte überall, fand aber niemand. Ich guckte sogar in die Waschküche! Als ich draußen auf der Treppe Geräusche hörte, fing ich an, mich zu fürchten. Es war aber, wie sich herausstellte, meine Großmutter. Sie erklärte mir, dass meine Eltern zu Tante Roberta gehen mussten, um ihr zu helfen, die Waschmaschine umzustellen. Tatsächlich kamen sie nach kurzer Zeit.

Besser?

Wahrscheinlich gefällt es dir schon deutlich besser als das erste Beispiel.

Versuche herauszubekommen, aus welchem seltsamen Grund dir die zweite Fassung unseres Anfangs mehr zusagt. Wenn du die Fragen der nächsten Übung beantwortest, wirst du es vielleicht von alleine verstehen.

	Beispiel a	Beispiel b
Du fühlst dich in die Geschichte einbezogen	ja ○ nein ○	ja ○ nein ○
Du verstehst die Gefühle dessen, der die Geschichte erzählt	ja ○ nein ○	ja ○ nein ○

Du hast Angst, dass der				
Person in der Geschichte	ja	○	ja	○
etwas passieren könnte	nein	○	nein	○

Du möchtest wissen,	ja	○	ja	○
wie es weitergeht	nein	○	nein	○

Wenn du nun erst die Fragen und dann deine Antworten genau anschaust, hast du schon einen guten Ausgangspunkt, zu verstehen, was einen guten Anfang ausmacht.

Alles hängt davon ab, dass es dir gelingt, den Leser an deiner Geschichte innerlich teilnehmen zu lassen. Die handelnde Person in deiner Erzählung muss »leben«. Du kannst sie lebendig machen, indem du sie sympathisch oder unsympathisch darstellst, oder ganz einfach so, wie du bist. Du kannst sie in Gefahr bringen, ihr kann Seltsames oder Ungewöhnliches passieren. Aber was auch immer dem Hauptdarsteller passiert, er muss »leben«. Nur so wird der Leser wissen wollen, wie es weitergeht. Diesen relativ einfachen Trick nennt man die »Charakterisierung« oder »Charakterbeschreibung« einer Persönlichkeit. Der Name ist logisch, denn du verhilfst deiner Figur damit zu einem Charakter. Aber vergiss nicht, dass vor allem der Anfang, die ersten Zeilen, den Leser fesseln soll. In wenigen Sätzen kannst du eine Stimmung schaffen, die noch viel anregender ist als im Beispiel b.

Probieren wir, dieselbe Stelle wie oben in eine noch interessantere Fassung zu bringen:

Beispiel c:

Die Haustür fiel hinter mir ins Schloss, das metallische Geräusch hallte dumpf durchs Treppenhaus. Ich war beunruhigt, weil mir beim Läuten an der Sprechanlage niemand geöffnet hatte. Also hatte ich die Haustür mit meinem Schlüssel öffnen müssen. Nun stieg ich die schmalen Treppen hinauf, immer zwei Stufen auf einmal. Ich rannte, ohne zu wissen, warum. Wir wohnen im dritten und letzten Stock eines alten Hauses am Berg, und ich hatte das Treppenhaus nie ausstehen können. Es war dunkel, eng und voller Geräusche, die sich jetzt mit dem Hall meiner Schritte vermischten. Aber es kam noch schlimmer: Das Licht auf dem Treppenabsatz vor unserer Wohnung ging nicht. Die Stufen lagen vollständig im Dunkeln, graue Schatten in Schwarz gehüllt. Wahrscheinlich war die Glühbirne durchgebrannt. Ich konnte nichts sehen und hielt an, unsicher, ob ich die letzten Stufen weiter hochsteigen oder umkehren sollte. Warum hatten sie mir nicht durch die Sprechanlage geantwortet? Ich blieb eine Weile im Dunkeln stehen. Mein Herz klopfte stark. Plötzlich hörte ich Schritte. Sie näherten sich langsam, kamen von oben. Oh je, da oben wohn-

te ja niemand! Dort waren doch nur die Dach-
kammern! Die Schritte waren unregelmäßig,
manchmal setzten sie aus, dann begannen sie
wieder. Jemand stöhnte. Irgendwann hörte sich
das Geräusch gar nicht mehr wie Schritte an. Es
war, als schleppte jemand einen schweren Sack
die Treppe herunter und ließe ihn dabei von
Stufe zu Stufe fallen. Ich stand starr vor Angst,
die Augen aufgerissen, während diese schreck-
lichen Geräusche immer näher kamen.

»Wer ist da?«, wollte ich mit lauter Stimme
fragen, aber ich brachte nur ein schwaches,
heiseres Krächzen heraus, so sehr war ich von
Panik ergriffen. Plötzlich wurde ein Streichholz
angezündet, und ...

... ich erblickte ein vertrautes Gesicht.

»Ach, du bist es, Franz!«, sagte meine Groß-
mutter und hielt das Streichholz hoch. »Das
Licht ist ausgegangen, und ich kann den Haupt-
schalter oben im Treppenhaus nicht finden. Los,
komm und hilf mir!«

Dies ist im Grund die gleiche Geschichte
wie die beiden ersten, nur in einer anderen
Erzählweise geschrieben. Hier verstehen wir
sofort, dass im Treppenhaus etwas nicht so
ist, wie es sein sollte. Es gibt verschiedene
Stellen, die beim Leser Spannung erzeugen.
Versuche, sie selbst zu entdecken!

Im Beispiel c habe ich mehr Angst. Warum?

Versuche außerdem herauszufinden, wie die Erzählung sich verändert, wenn der Autor die erste Person Singular (»ich«) verwendet. Zuvor nahm er die dritte Person (»Franz«). Welche Wirkung hat das deiner Meinung nach auf den Leser?

Was meinst du, kann man frei hin- und herwechseln zwischen diesen beiden Möglichkeiten (zwischen »ich« und »er«)? Oder gibt es Geschichten oder Erzählungen, bei denen man unbedingt eine der beiden wählen sollte?

Jetzt haben wir praktisch den Anfangsteil beendet. Ehe wir aber weitergehen, haben wir noch eine schöne Aufgabe vor uns. Dazu brauchen wir Zeit. Ich erkläre nun, wie man es macht. Du nimmst dein Notizbuch oder dein Heft und gehst einfach in die erstbeste Buchhandlung, auch wenn es dort keine Kinderbücher gibt, denn du brauchst nichts zu kaufen! Wenn du im Laden bist, nimm irgendeines von den Büchern, die auf den Tischen ausliegen. Lies die ersten zwei oder drei Sätze. Dann lege das Buch wieder zurück, nimm das nächste und mach dasselbe noch mal. Und so machst du weiter, mindestens zehn-, besser fünfzehn- oder zwanzigmal. Wenn du fertig bist, gehe zurück zu dem Buch mit dem Anfang, der dir am besten gefallen hat, und schreibe ihn in deinen Block ab, dann den zweitschönsten und zum Schluss den dritten. Packe dein Notizbuch ein und geh nach Hause. Dann versuche herauszufinden, warum er dir so gefallen hat, was dich daran interessiert hat, und zuletzt, welche Empfindungen er in dir ausgelöst hat. Dasselbe machst du dann mit dem zweiten und dritten Anfang.

 Es gibt einen tollen, fast unfehlbaren Trick, um einen Anfang zu erfinden und gleichzeitig spannend zu gestalten: Wenn es sich um eine Erzählung oder einen Roman handelt, beginne die Erzählung (in der Vergangenheitsform natürlich) mit dem Zauberwort »als«. Und dann, im folgenden Satz, beschreibe etwas Seltsames, etwas, das mit der normalen Situation, die der Leser erwartet, nichts zu tun hat. Ein Beispiel? Kein Problem.

»Als die Haustür mit einem metallischen Geräusch hinter mir ins Schloss fiel, fühlte ich, wie mir ein seltsamer Schauer über den Rücken lief.«

Nicht schlecht, stimmt's? Ein ähnlicher Anfang ist uns schon im Beispiel c begegnet.

Oder wechseln wir das Thema:

»Als es mir endlich gelungen war, die Dose mit den Bohnen zu öffnen, waren gar keine Bohnen darin, sondern ein Blatt Papier mit seltsamen Buchstaben und Schriftzeichen.«

Das macht Lust weiterzulesen! Wer weiß, was auf diesem Papier geschrieben stand? Vielleicht der Lageplan eines verborgenen Schatzes.

Jetzt kannst du in deinen Notizblock drei Anfänge von Geschichten schreiben und dabei den Trick mit dem Wort »als« anwenden. Probieren schadet nicht, wie man so sagt. Also:
Denk dir einen ersten Anfang mit »Als ...« aus, einen zweiten Anfang mit »Als ...« und noch einen dritten Anfang mit »Als ...«.

Vergleiche deine drei Anfänge mit denen der Bücher, die du gesammelt hast. Du wirst sehen, es gibt Unterschiede. Finde heraus, warum einer besser wirkt als ein anderer. Versuche, die Gründe zu erklären, warum dir ein bestimmter Anfang gefallen hat. Etwas Merkwürdiges wird geschehen: Du wirst sehen, dass dir viele Dinge von selbst klar werden, wenn du darüber scharf nachdenkst (so etwas passiert auch den Erwachsenen).

Das erste Wort einer Geschichte (oder aber: die Varianten des »unfehlbaren Tricks«):

Das möchte ich hier klarstellen: Nicht alle Geschichten müssen unbedingt mit »als« beginnen. Es ist nur eine von vielen Möglichkeiten, die dir weiterhelfen sollen. Um dir ein anderes Beispiel zu nennen, kannst du deine Geschichte auch mit »kaum« beginnen. Das funktioniert fast so gut wie das Zauberwörtchen »als«! Andere vielversprechende Anfänge sind: »während«, »kurz nachdem« und »im selben Moment als«. Das will aber nicht heißen, dass es nicht noch andere gute Anfänge gibt. Du kannst ja darüber mal gut nachdenken, wenn du abends ins Bett gehst und nicht einschlafen kannst. Hauptsache, du erinnerst dich am nächsten Morgen beim Aufwachen noch daran. Dann kannst du nämlich schreiben: »Als ich gestern Abend in meinem Bett lag und nachdachte ...«, und das ist doch gar nicht schlecht als Beginn!

So, jetzt kannst du wirklich einmal ganz tief Luft holen, denn wenn man einige Zeit lang richtig scharf nachgedacht hat, dann braucht man frische Luft. Sonst vergeht dir die Lust, und das möchte ich nun wirklich nicht.

Da du jetzt weißt, wie viel von einem guten Anfang abhängt, möchte ich hier anhand von einigen

Beispielen großer, weltberühmter Autoren zeigen, wie viele Möglichkeiten es gibt, eine Geschichte oder einen Roman zu beginnen.

Zu den altbekannten und beliebtesten Anfängen gehört natürlich die Zauberformel »Es war einmal«:

Es war einmal ein Prinz, der wollte eine Prinzessin haben, aber es sollte eine wirkliche Prinzessin sein. Da reiste er denn in der ganzen Welt umher, um eine solche zu finden, aber überall war etwas im Wege, Prinzessinnen gab es genug, aber ob es wirkliche Prinzessinnen waren, dahinter konnte er nicht so recht kommen; immer war da irgendetwas, was nicht ganz in Ordnung war. Und da kam er denn wieder nach Hause und war sehr traurig, denn er wollte so gern eine wirkliche Prinzessin haben.

Eines Abends zog ein schreckliches Unwetter herauf, es blitzte und donnerte, der Regen strömte herab ...

(Hans Christian Andersen: Die Prinzessin auf der Erbse)

Es war einmal ein Müller, der war arm, aber er hatte eine schöne Tochter. Nun traf es sich, dass er mit dem König zu sprechen kam, und um sich ein Ansehen zu geben, sagte er zu ihm:

»Ich habe eine Tochter, die kann Stroh zu Gold spinnen.« Der König sprach zum Müller: »Das ist eine Kunst, die mir wohl gefällt! Wenn deine Tochter so geschickt ist, wie du sagst, so bring sie morgen in mein Schloss, da will ich sie auf die Probe stellen.«

(Brüder Grimm: Rumpelstilzchen)

Es war einmal ein Junge. Er war ungefähr vierzehn Jahre alt, groß und gut gewachsen und flachshaarig. Viel nütz war er nicht, am liebsten schlief oder aß er, und sein größtes Vergnügen war, irgend etwas anzustellen.

(Selma Lagerlöf: Wunderbare Reise des Nils Holgersson mit den Wildgänsen)

Aber so ganz vergessen wollen wir den Trick mit dem »als« nun doch nicht:

Als Gregor Samsa eines Morgens aus unruhigen Träumen erwachte, fand er sich in seinem Bett zu einem ungeheueren Ungeziefer verwandelt. Er lag auf seinem panzerartig harten Rücken und sah, wenn er den Kopf ein wenig hob, seinen gewölbten, braunen, von bogenförmigen Versteifungen geteilten Bauch, auf dessen Höhe sich die Bettdecke, zum gänzlichen Niedergleiten bereit, kaum noch erhalten konnte. Seine vielen, im Vergleich zu seinem sonstigen Um-

fang kläglich dünnen Beine flimmerten ihm hilf-
los vor den Augen.
(Franz Kafka: Die Verwandlung)

Kafkas Anfang gehört zu den wohl bekanntesten in der gesamten Weltliteratur, und wenn er mit dem Wörtchen »als« gespielt hat, kannst du es getrost auch versuchen!

Da das Wort »als« im Grunde nichts anderes tut, als zwei Sätze (und die darin beschriebenen Situationen) zu verbinden, gibt es natürlich viele schöne Anfänge, die auch ohne Hilfe des Wörtchens »als« seltsame Begebenheiten erzählen, zum Beispiel von einem Maulwurf beim Frühjahrsputz:

 *Den ganzen Vormittag hatte der Maulwurf ge-*
schuftet: In seinem kleinen Haus war der Früh-
jahrsputz ausgebrochen. Zuerst mit Besen und
Staubtuch, dann auf Leitern und Trittleitern
und Stühlen und drittens mit Pinsel und Tün-
che. Bis er Staub in Gurgel und Augen hatte
und Placken weißer Tünche auf dem schwarzen
Pelz und ein Reißen im Rücken und Schmerzen
in den Armen.
(Kenneth Grahame: Der Wind in den Weiden)

Dann wiederum gibt es Anfänge, die ganz einfach Anfänge sind, in ihnen beginnt die Geschichte sanft und leise von Anfang an (das ist nämlich nicht ver-

boten. Nichts ist beim Schreiben verboten, Hauptsache, es ist interessant für den Leser):

Nachts,
im Mondschein,
lag auf einem Blatt
ein kleines Ei.
Und als an einem schönen Sonntagmorgen die
Sonne
aufging, hell und warm,
da schlüpfte aus dem Ei – knack – eine kleine
hungrige Raupe.
(Eric Carle: Die kleine Raupe Nimmersatt)

Andere Anfänge reißen den Leser ganz schön kräftig
in die Geschichte hinein. So, dass man sich als Leser
sofort im Buch verlieren kann. Hier folgt ein gutes
Beispiel, eine Geschichte, die urplötzlich mit einem
großen Knall beginnt. Oder besser, mit einem »platsch«
(oder war es ein »plumps«?). So nämlich macht es,
wenn ein kleiner Junge vom Himmel fällt und sich
plötzlich mitten in einer Geschichte befindet:

»Platsch!«, machte es (vielleicht auch
»plumps!«), da saß ein kleiner Junge mitten auf
dem großen Marktplatz einer kleinen Stadt. Es
war kurz bevor es vom Kirchturm zwölf schla-
gen wollte.
(Jörn-Peter Dirx: Alles Rainer Zufall)

Zu den ganz tollen Anfängen gehört der von Michael Endes »Jim Knopf und Lukas der Lokomotivführer«:

Das Land, in dem Lukas der Lokomotivführer lebte, hieß Lummerland und war nur sehr klein.

Es war sogar ganz außerordentlich klein im Vergleich zu anderen Ländern wie zum Beispiel Deutschland oder Afrika oder China. Es war ungefähr doppelt so groß wie unsere Wohnung und bestand zum größten Teil aus einem Berg mit zwei Gipfeln, einem hohen und einem, der etwas niedriger war.

(Michael Ende: Jim Knopf und Lukas der Lokomotivführer)

Hier wird unser Interesse geweckt, denn ein so kleines Land haben wir noch nie im Leben gesehen, und die Beschreibung ist ausgesprochen lustig.

Eines meiner Lieblingsbücher ist zweifellos »Matilda« von Roald Dahl. Hier hat der Autor auf sehr witzige Weise den Spieß umgedreht und spricht außerordentlich schlecht über Kinder – was junge Leser sicher sehr neugierig stimmt, denn in den meisten Büchern spricht man immer gut über Kinder! Aber lies besser selbst:

Mütter und Väter sind komisch. Ihr eigenes Kind kann eine noch so widerliche kleine Ratte sein – sie bilden sich trotzdem ein, er oder sie seien eine Offenbarung.
  (Roald Dahl: Matilda)

So, das war ein kleiner Versuch, dir zu zeigen, wie viele Möglichkeiten du in Wirklichkeit hast, einen guten Erzählanfang zu erfinden.

Was sie alle eigen haben, ist, dass der Leser von ihnen gefesselt wird, dass sie interessant sind, uns stutzig werden lassen. Wie man das dann wirklich fertigbringt, werde ich später beschreiben. Bis auf Weiteres können wir die Anfänge Anfänge sein lassen und zum Thema Ideen zurückkehren. Ich habe noch längst nicht alles darüber gesagt.

Von den verschiedenen Ideen können uns einige irgendwie doch nicht richtig fesseln, wie wir zu Beginn gesehen haben. Andere dagegen schaffen es wie im Spiel. Und diese letzteren interessieren uns natürlich mehr. Wie Sibissibis in der Ich-Form erklärt hat, ist er aus einer Zeichnung entstanden. Aber von der Zeichnung zur Geschichte, was ist da geschehen? Wie ist aus der anfänglichen Idee eine noch größere Idee geworden? Wie war dieser Übergang?

So viele Fragen! Du willst alles wissen, stimmt's? Da lohnt es sich, ein neues Kapitel zu beginnen.

Viertes Kapitel

Wie man es anstellt, eine Idee einzufangen

Wenn du die Zeichnung betrachtest, die Andrea von Sibissibis gemacht hat, erkennst du eine Schlange, klar. Aber so, wie du diese Schlange siehst, sieht sie niemand sonst auf der Welt. Jeder von uns wird etwas anderes sehen, etwas Besonderes, den einen erinnert sie an eine Schlange, die er im Zoo gesehen hat, einen anderen bringt sie zum Lachen, ein Dritter hat Angst vor Schlangen, wieder andere sagen: »Wie hässlich!« oder: »Wie schön!«. Irgendeinem wird die Zeichnung vielleicht gar nichts bedeuten. Als ich die Schlange zum ersten Mal angeschaut habe, fielen mir gleich die beiden engen Windungen auf, die Andreas gezeichnet hat. In Wirklichkeit würde keine Schlange diese Haltung einnehmen. Ich stelle mir vor, dass selbst eine so wendige und biegsame Schlange dabei Rückenschmerzen bekommen würde. Die engen Windungen gefielen mir, denn durch sie wurde die Schlange zu etwas Besonderem.

Ich stelle mir jetzt selbst ein paar Fragen zu der Schlange, und diese Art Arbeit, die ich dir dabei erkläre, ist nützlich bei allen Geschichten, die man schreiben will. Noch bevor man anfängt zu schreiben, muss man im Kopf auf verschiedene Fragen antworten: ›Warum‹, ›falls‹, ›wer weiß, was geschehen würde, wenn‹ …? Die Antwort auf diese Fragen sichert dir die sogenannte Folgerichtigkeit (die erkläre ich dir näher). Wir vergewissern uns damit, dass das, was wir schreiben, wirklich logisch und folgerichtig ist, das heißt, dass jeder Schritt in unserer Geschichte eine logische Folge dessen ist, was vorher geschehen ist. Wäre es nicht so, könnte der Leser die Geschichte nur mit Mühe nachvollziehen. Lies deshalb aufmerksam, was jetzt kommt, weil dich eine ähnliche Arbeit erwartet, wenn du eine Idee für deine Geschichte hast!

Ich habe mich zuerst gefragt: »Warum nur könnte eine Schlange diese Haltung in zwei engen Windungen einnehmen? Was muss oder was könnte passiert sein? Blitzartig kam mir eine verrückte Idee in den Kopf: Klebstoff. Nur eine arme »verklebte« Schlange könnte so aussehen. Das war ein guter Anfang. Eine verklebte Schlange? Gar nicht so schlecht! Potzblitz! Also nichts wie weiter.

Jetzt musste ich darüber nachdenken, was geschehen müsste, um eine Schlange dazu zu veranlassen, sich Klebstoff auf den Rücken zu bringen. Drei Möglichkeiten sind mir eingefallen:

- sie hätte es freiwillig tun können;
- sie hätte von anderen gezwungen sein können, es zu tun;
- es wäre ein Unfall gewesen.

Die erste habe ich sofort verworfen. Warum sollte sich eine Schlange den Klebstoff auf den Rücken streichen lassen? Das wäre eine ziemlich dumme Schlange gewesen, und es käme mir nie in den Sinn, eine Geschichte über ein dummes Tier zu schreiben. Für mich sind die meisten Tiere sehr intelligent. Wenn wir Menschen die Tiere nicht verstehen, dann heißt das noch lange nicht, dass sie dumm sind.

Die zweite Möglichkeit könnte ganz gut in eine Geschichte passen. Aber es wäre eine sehr traurige Story geworden. Wenn jemand einen anderen zwingt, verklebt zu bleiben, dann ist das gar nicht nett. Die Schlange hätte sich schlecht behandelt gefühlt, ich auch und der Leser ebenfalls. Es wäre eine Geschichte von Ungerechtigkeit, Zorn und Vergeltung geworden und deshalb auch eine mit langen Erklärungen, warum jemand sie dazu gezwungen hatte. Also habe ich diese Idee schnell wieder verworfen.

Die dritte Möglichkeit jedoch schien mir sofort vielversprechend. Ein Unfall! Ja, warum nicht. Eine Schlange, der ein Unfall passiert, wird dem Leser sympathisch (alle werden sagen: du Ärmster, Sibissibis, was wirst du jetzt tun?), und am Ende wird es gut ausgehen. Das würde dann auch die Möglichkeit geben, einen schönen Schluss für die Erzählung zu finden. So war alles (fast) schon klar: Die Schlange hätte plötzlich einen Unfall, bei dem sich ihr Rücken an zwei Stellen aneinandergeklebt hätte, und am Ende würde sie (vielleicht) geheilt, sich selber retten oder von anderen gerettet werden.

Diesen Gedanken ging ich nach (und noch vielen anderen, die jedoch gleich wieder verworfen wurden). Ich stellte mir viele Fragen zu Sibissibis und dem, was ihm passieren würde und wie er darauf reagieren könnte. Das Ganze brachte ich dann in eine logische Ordnung und sicherte mir eine gute Folgerichtigkeit der Erzählung. So weit lief alles glatt. Aber es war noch nicht fertig.

Um die Geschichte in einen passenden Rahmen zu bringen, musste ich eine Situation erfinden, in der die Schlange sich verklebte. Dieser Punkt fehlte mir noch, und es war ein außerordentlich wichtiger Punkt, den ich in der Geschichte dem Leser irgendwie erklären müsste. Im richtigen Leben kommt so etwas nicht vor. Die Schlangen leben – wenn es ihnen gut geht – in Freiheit, schlängeln sich in den Wüsten oder zischeln in den Wäldern, oder – wenn sie Pech haben – krebsen tieftraurig in den Terrarien der Tierhandlungen oder der Zoos. Eine Geschichte zu schreiben, in der eine arme Schlange, die schon in einem Käfig vegetiert, dann noch verklebt wird, erschien mir ganz einfach als zu traurig. Nein, wenn sich in der Geschichte eine Schlange verkleben sollte, musste es eine große, starke, stolze und freie Schlange sein. Eine, die das Festkleben erleiden, die kämpfen und am Ende siegen würde (also beinahe, wie meine erste Idee gewesen war). Kurz und gut, eine stolze Oberschlange mit erhobenem Haupt. Eine freie Schlange mit Sinn für Gerechtigkeit.

Das jedoch ist eine Arbeit, die nicht so sehr mit der Folgerichtigkeit, sondern mehr mit der *Glaubwürdigkeit* zu tun hat. Mit diesem etwas schwierigen Wort bezeichnet man die Glaubwürdigkeit dessen, was in einer Erzählung oder in einem Roman passiert. Sie ist umso besser zu erreichen, je »wahrscheinlicher« die Sachen sind, die passieren. Wenn zu viele unglaubliche Sachen geschehen und wenn die Personen in der Geschichte nicht logisch auf die Geschehnisse reagieren, dann leidet die Glaubwürdigkeit darunter. Es ist also absolut notwendig, dass du in deiner Erzählung so glaubwürdig wie nur möglich bleibst.

Meine nächsten Gedanken kreisten alle um dieses wichtige Thema: Wie konnte ich die Geschichte der verklebten Schlange glaubwürdig gestalten?

Bei diesen Überlegungen bin ich irgendwann auf die Idee mit der Priesterschlange gekommen. Priesterschlangen, wenn es sie wirklich geben sollte, würden eher auf einem anderen Planeten leben als auf unserer Erde. Hier habe ich sie jedenfalls noch nie gesehen. So galt es, einen weit von uns entfernten Ort zu erfinden, den Planeten der Schlangen. Wenn es irgendwo im Weltall einen Planeten der Schlangen gab, dann war es auch glaubwürdig, dass die Schlangen dort verschiedene Berufe ausübten.

Nur das Problem mit dem Klebstoff musste noch gelöst werden. Wie könnte der Klebstoff auf den Schlangenplaneten gekommen sein? Mit einem Raumschiff bestimmt nicht (es wäre eine sehr schlechte Idee gewesen, Menschen in die Geschichte zu bringen, und es wäre auch weniger glaubwürdig gewesen).

Keine Angst! Wenn man eine Geschichte schreibt, sollte man nie vergessen, dass man so etwas tun kann. Was auch immer, es ist eine Erzählung, nicht die Wahrheit! Aber es ist dann nötig, so zu schreiben, als wären die Dinge, die geschehen, irgendwie ganz normal. Erst dadurch werden sie glaubwürdig.

Ich habe also lange nachgedacht und kam zuletzt auf die Idee, dass der Klebstoff durch den Weltraum dorthin transportiert werden könnte. Aber wie sollte das gehen, habe ich mich gefragt? Zu diesem Zweck erfand ich den »Sonnenbrunnen«, uralt und fast vergessen in einer alten Hausruine. (Es ist nicht schlecht, in bestimmten Geschichten ein verfallenes Haus vorkommen zu lassen, nicht wahr? Das fügt einen Schuss alte Magie hinzu und verschafft dem Leser immer eine Gänsehaut.)

Du hast anhand der Beispiele gesehen, wie man gewisse Ideen »einfängt«. Du musst deine Fantasie spielen lassen, die verschiedenen Möglichkeiten vor deinen Augen vorüberziehen lassen und dabei die weniger logischen und unwahrscheinlichen verwerfen. Am Ende wählst du diejenige Möglichkeit, die dir ganz einfach am besten gefällt. Wollen wir diese unfehlbare Technik jetzt ausprobieren und in die Tat umsetzen? Du wirst sehen, es ist gar nicht schwer.

Betrachte die nächste Zeichnung von Andrea ganz genau. Versuche gar nicht, geniale Ideen heraufzubeschwören. Sieh dir ganz einfach die Zeichnung an und denke an gar nichts! Nun schreibe in dein Heft, was dir durch den Kopf gegangen ist, während du die Zeichnung angesehen hast.

Macht dir das Ungeheuer irgendwie Angst? Wenn ja, versuche, in Worte zu fassen, warum du Angst hast, was dir Angst bereitet.

Gibt es auch Einzelheiten an diesem Ungeheuer, die dir keine Angst einflößen oder die dich sogar zum Lächeln bringen? Wenn ja, welche?

Wenn du die Ergebnisse deiner Antworten zusammenstellst, die du gerade aufgeschrieben hast, ist dir vielleicht schon eine Idee gekommen, oder der Entwurf einer Geschichte? Falls ja, sehr gut. Ist dir jedoch noch nichts eingefallen, dann ist das überhaupt nicht schlimm. Versuche, das anzuwenden, was du schon gelernt hast.

Nehmen wir an, dass das Monster in der Zeichnung ein böses Ungeheuer ist, das einem schreckliche Angst einflößt. Und weil diese Angst unbedingt auf den Leser übergehen soll, ist es nicht genug zu schreiben, wie hässlich und furchtbar dieses Monster ist, es muss auch jemand anderem begegnen, der dann seinerseits entsetzliche Angst bekommt. Ein Ungeheuer, das allein in seiner Monsterwelt lebt, macht keinem Angst! Um Angst hervorzurufen, muss das Monster jemand von Angesicht zu Angesicht begegnen, damit wir (die Leser) um diesen anderen Angst haben. Er überträgt dann seine Angst auf uns Leser!

 Ein Beispiel: Lassen wir einen einsamen Astronauten auf einem entfernten und unbekannten Planeten landen. Nennen wir den Astronauten Robert Duvall (in Fantasygeschichten klingt ein amerikanischer Name oft glaubwürdiger als ein deutscher – ein weiteres Beispiel für die Glaubwürdigkeit einer Geschichte! Hieße er »Fritz Müller«, wür-

den die Leser die Geschichte vielleicht nicht so ernst nehme. Warum das so ist, weiß ich selbst nicht, aber es ist so!)

Es ist früh am Morgen, und er verlässt das Raumschiff, um einen Besichtigungsgang auf dem Planeten zu machen. Und nun stell dir vor, was geschieht, als Robert Duvall die Metalltreppe des Raumschiffs hinabsteigt und ausgerechnet ... dem Monster aus der Zeichnung begegnet! Nun weißt du ja schon, dass es ein guter Trick ist, eine Geschichte mit »als« zu beginnen. Fertig? Auf geht's! (Also los!)

Als Robert Duvall ...

Hast du dein Bestes gegeben? Um dessen sicher zu sein, könntest du deinen Anfang deinen Eltern, dem Opa oder der Oma vorlesen und fragen, ob ihnen der Anfang gefallen hat oder was ihnen daran nicht gefällt. Wahrscheinlich wirst du bereits beim Vorlesen merken, wie du deinen Beginn verbessern kannst.

Lautes Vorlesen ist übrigens ein toller Trick, wenn man testen will, ob etwas Geschriebenes auch wirklich »funktioniert«. Beim Vorlesen hört man nämlich sofort, ob ein Satz gut ist, denn dann liest er sich besser und hört sich besser an. Komisch, nicht wahr? Aus diesem Grund liest sich manch ein Schriftsteller jeden Tag die gerade geschriebenen Stücke laut vor.

An diesem Punkt wird es wieder interessant. Nachdem du dir das Ungeheuer von Andrea angesehen hast und dir Gedanken dazu gemacht und sie aufgeschrieben hast, kann ich dir gestehen, dass ich selbst eine Erzählung zu dieser Zeichnung erfunden habe! Darin schickte ich einen Astronauten namens Robert Duvall auf einen Planeten, der sehr, sehr weit entfernt liegt. Hier ist sie (und treffenderweise beginnt sie mit dem Wörtchen »kaum«):

PTR

EINS

Kaum berühren die drei Teleskopbeine des Raumschiffs SS Explorer die Oberfläche des Planeten, tue ich etwas, das in sämtlichen Vorschriften für Piloten strengstens verboten ist: Ich schalte per Handsteuerung die Hauptmotoren aus und bete, dass das Schicksal mir beistehen möge. Zum Teufel mit den Vorschriften! Es ist keineswegs sicher, dass die Teleskopbeine auf dem mit Felsbrocken übersäten Gelände gut aufsitzen werden. Das Raumschiff zittert und bebt, die hydraulische Federung fährt kreischend aus, um dann mit einem heftigen Ruck den Endlauf zu erreichen und stehen zu bleiben. Sofort fängt das Raumschiff an, sich gefährlich zu neigen, eines der Beine bohrt sich unter dem Gewicht der Rakete in den Boden. Erst im allerletzten Moment hört die Bewegung auf. Das Raumschiff steht ganz schief, aber jetzt bleibt es irgendwie doch stehen. Die Hilfsmotoren und das elektrische Hauptsystem habe ich bereits abgeschaltet, nur das Sauerstoffsystem, die Lufterneuerung und der Zentralcomputer laufen noch. Ich lehne den Kopf nach hinten, schließe die Augen und seufze erleichtert. Einen Augenblick widerstehe ich der Versuchung, die Augen zu öffnen. Nach einer Weile lockern sich meine Muskeln nach der Anspannung der Landung. Ein grelles, schmerzhaftes Pfeifen schallt mir in den Ohren, und mir fällt ein, dass ich vergessen habe, vor dem Eintritt in die Atmosphäre die Ohrenstöpsel einzusetzen. Wie viel Zeit vergeht, bevor es einigermaßen zu ertragen ist, weiß ich nicht. Irgendwann höre ich ein Geräusch, wahrscheinlich das metallische Ticktack vom Abkühlen des Raumschiffs. Erst jetzt öffne ich wieder meine Augen und entferne den Hitzeschild vom Seitenfenster.

Draußen, am flachen Horizont, geht die Sonne unter. Ihr orangefarbenes Licht fällt direkt in die Kabine. Es könnte sein, dass dieser Planet nicht nur eine Sonne besitzt, sondern mehrere.

Ich weiß nicht einmal, um welchen Planeten es sich handelt.

Die Vorschriften im Pilotenhandbuch verlangen, im Falle einer Landung auf einem unbekannten Planeten die Hauptmotoren mindestens drei Stunden lang laufen zu lassen. Aus Sicherheitsgründen. Das erlaubt der Besatzung, im Notfall schnell wieder durchzustarten. Als ich versuche zu lachen, kommt nur ein heiseres Krächzen aus meiner Kehle.

Da wir gerade von Vorschriften sprechen: Dass einem der Treibstoff ausgehen könnte, daran haben die Techniker auf der Erde in ihren klugen Handbüchern überhaupt nicht gedacht. Auf diesem Planeten zu landen war meine einzige Möglichkeit zu überleben. Um von der Schwerkraft dieses Planeten freizukommen und Geschwindigkeit aufzunehmen, hätte ich mehr Brennstoff verbraucht als bei einer Landung. Viel mehr, als noch in den Reservetanks übrig geblieben war. Ich hätte auch nicht die Schwerkraft nutzen und den Planeten in einer Parabelkurve umkreisen können, um dann in Richtung Erde zurückzufliegen. Ich weiß nicht einmal, wo die Erde liegt. Vielleicht in der Richtung, aus der ich mich dem Planeten genähert habe, aber das ist nicht sicher. Die automatische Steuerung muss unzählige Kursänderungen vorgenommen haben, während ich eingefroren in meiner Schlafkammer lag, sonst hätte ich noch Brennstoff gehabt. Also musste ich zuerst einmal landen und herausfinden, wie dieser Planet heißt und wo er sich befindet, mir irgendwie neuen Brennstoff besorgen und dann eventuell wieder abheben und zur Erde fliegen!

Als ich vor zwei Wochen aus dem künstlichen Schlaf erwachte, hatte ich sofort begriffen, dass im Raumschiff etwas danebengegangen war. Es ging mir miserabel, es gab keine Funkverbindung zur Erde, und beim Blick aus dem Fenster gähnte mir ein völlig unbekannter Himmel entgegen. Der Navigationscomputer lief wahrscheinlich schon lange leer. Keine der Himmelskarten in seinem Speicher passten, zu dem, was er um das Raumschiff herum wahrnahm. Die Wahrheit berechnete ich dank der endlos langen Nummer des Tagezählers an meiner Schlafkammer: Anstatt der vorgesehenen vierzehn Monate hatte ich über achtzig Jahre in künstlichem Schlaf verbracht! Aber so unglaublich es klingen mag: Meine Einfrierapparatur hatte achtzig Jahre lang perfekt funktioniert. Die meiner Reisegefährten hingegen nicht …

Schluss mit den Gedanken an gestern. Ich muss mich mit der neuen Situation befassen, denn ich werde alle Hände voll zu tun haben.

Draußen geht die riesige, flache Sonnenscheibe am Horizont unter. Der kobaltblaue Himmel verliert schnell an Helligkeit. Über der in Dunkelheit versinkenden Ebene erscheinen die ersten Sterne. Einige sind riesengroß, ähnlich wie unser Erdenmond. Einer ist von einem doppelten Ringsystem umgeben, mit gelben und rosa Streifen. Ich schaue ein paar Minuten schweigend in diese unbekannte Welt, hingerissen von der Schönheit der Nacht.

Wenigstens werde ich nicht in diesem elenden Raumschiff sterben müssen, mit dem ich mit 190.000 Stundenkilometern achtzig Jahre lang weg von der Erde geflogen bin, und darauf warten müssen, dass die wenigen Vorräte an Essen und Sauerstoff zu Ende gehen. Ich ziehe es vor, als Mensch bei vollem Bewusstsein und mit festem Boden unter den Füßen zu sterben. Nicht als Astronaut in absoluter Leere, auf dem Flug durch den Weltraum in einem lautlosen Sarg. Außerdem besteht die leise Hoffnung, dass dieser Planet bewohnbar ist. Der Bordcomputer bestätigt, dass er eine Lufthülle besitzt. Es müsste auch Wasser geben. Ich hatte nicht die Zeit gehabt, während der Landung die Messdaten des Planeten zu überprüfen, war zu sehr vom Landemanöver beansprucht. Ich weiß nur, dass er rot und braun aussieht. Falls es hier vereiste Pole oder Wolken gibt, so habe ich sie beim Landeanflug nicht wahrgenommen.

Ich kann kaum atmen und nehme den Helm ab. Erst jetzt merke ich, wie verschwitzt ich bin. Die Luft riecht nach oxidiertem Metall und überhitztem Kunststoff. Ein rasches Überprüfen der Bildschirme des Zentralcomputers macht die Lage schnell klar: Die Energie reicht noch, um die lebenswichtigen Systeme weitere zwei Stunden laufen zu lassen.

Wenn ich den Computer herunterfahre, erhöht sich die Dauer auf zwölf Stunden.

Also, an die Arbeit!

Knapp eine Stunde später schalte ich den Computer aus. Die weniger wichtigen Prüfungen der Luft auf dem Planeten hat er zwar nicht abgeschlossen, aber wenigstens ist noch weitere acht Stunden lang die Erneuerung der Kabinenluft gewährleistet. Ich kann kaum noch denken, muss schlafen. Überdies herrscht draußen völlige Dunkelheit. Falls es auf dem Planeten giftige Gase geben sollte, werde ich es beim Öffnen des Raumschiffs schnell herausfinden. Jedenfalls hoffe ich, dass bis dahin die Sonne wieder scheint. Ich finde, dass man bei Licht besser stirbt als im Dunkeln.

ZWEI

Es ist warm, viel zu warm. Obwohl die Sonne erst vor Kurzem aufgegangen ist, hat sie die Kabine bereits auf vierzig Grad erhitzt. Ich habe noch eine Möglichkeit, auch wenn sie nur gering ist. Wenn der Computer und das elektrische Hilfssystem weiter funktionieren sollen, muss ich schnell handeln. Im Vorratsraum gibt es ein solarbetriebenes Ladegerät für Batterien, das ich mit dem Computer, den Bildschirmen und der Funkanlage verbinden kann. Acht Sonnenstunden pro Tag müssten reichen, um genügend elektrische Energie zu sichern. Also gilt es auszusteigen und es aufzubauen.

Ich muss mich beeilen. Die Luftumwälzung hat sich vor zehn Minuten von alleine abgeschaltet. Mit jeder Minute wird die Luft wärmer, und das Atmen fällt mir schwerer. In einer Stunde wird es nicht mehr genug Sauerstoff zum Atmen geben.

Hinter der Kabine liegt ein zentraler Korridor mit Metallschränken. Ich ziehe mir schwitzend meinen Schutzanzug an und versuche dabei, die anderen vier Anzüge mit den vertrauten Namen auf der Brust nicht anzusehen. Falls die Luft auf dem Planeten zum Atmen geeignet ist, werde ich die Schaufel nehmen und mich aufmachen, um ein Plätzchen für meine Gefährten zu suchen. Hier im Raumschiff ohne elektrischen Strom kann ich jedenfalls nicht bleiben ...

Die Klappe lässt sich nur sehr schwer öffnen. Als ich es endlich geschafft habe, verstehe ich, warum. Der äußere Rumpf hat sich beim Eintritt in die Atmosphäre überhitzt und befindet sich in einem bejammernswerten Zustand. Ein großer Teil der Deckplatten ist verbrannt, viele sind ganz verschwunden. Fast wäre das gesamte Raumschiff in Flammen aufgegangen. Den Schaden zu beheben, um zurückzukehren, wird schwierig sein. Es fehlt nicht nur der Treibstoff, das gesamte Raumschiff ist nicht mehr betriebsbereit. Um den Eintrittswinkel in die Atmosphäre zu berechnen, bräuchte es einen erfahrenen Piloten, ich aber bin Geologe, habe die Pilotenschule nur ein Semester lang besucht und ein paar Mal lustlos Computerflugsimulation geübt. Von allen an Bord war ich am wenigsten geeignet, ein Raumschiff zu steuern. Dass ich noch am Leben bin, dass es mir gelungen ist, den SS Explorer irgendwie zu landen, ist an sich schon eine unglaubliche Leistung. Einen Augenblick *lang freut mich das. Es ist der erste positive Gedanke, der mir seit zwei Wochen durch den Kopf geht.*

Ich entferne mich einige Schritte von dem Schiffsrumpf und schaue mich um. Es ist schrecklich heiß. Keine einzige Wolke, der Himmel ist so hell, dass ich die Augen nicht heben kann. Die Sonne zeichnet meinen Schatten mit unglaublicher Schärfe auf den Boden, der mit einer dünnen Schicht aus rotem Sand bedeckt ist. Dazwischen liegt hartes Gestein. Hinter mir steigt das Gelände an und bildet einen flachen Berg. Nach der anderen Seite, Richtung Osten, wenige Meter vom Raumschiff entfernt, geht es eine steile Böschung hinunter. Dahinter beginnt ein sanft abfallendes Gelände, das in einem Tal endet. Auf der anderen Seite erhebt sich ein Durcheinander kleiner, von Erosion abgetragener Hügel, eine unendliche Zahl graubrauner Bergrücken, die sich bis zum Horizont erstrecken. Sie sehen aus wie eine Herde versteinerter Elefanten ohne Köpfe. Das würde ich gerne näher betrachten, wenn ich dazu Gelegenheit bekäme. Immerhin bin ich ein Wissenschaftler. Es fällt mir ein, dass ich bisher nicht daran gedacht habe zu prüfen, ob es Anzeichen von Leben auf dem Planeten gibt. Wenn ich bis zum Mittag mit der Arbeit fertig sein will, gilt es jedoch, keine Zeit zu verlieren.

Also kehre ich an Bord zurück, um das Ladegerät für die Batterien aus dem Stauraum zu holen. Im Grunde ist der Apparat sehr einfach zu montieren, aber ich habe

Probleme, die feinen Metallplättchen der Fotovoltaik zu öffnen. Sie verhaken sich in den Führungen. Zum Funktionieren entwickelt der Apparat eine Zellenoberfläche von fast fünf Quadratmetern. Mit meinen Handschuhen kann ich nicht gut arbeiten, ich schwitze in meinem Schutzanzug, und der Schweiß brennt mir in den Augen. Ich muss ins Raumschiff zurück, um die Sauerstoffflasche auszuwechseln. Drei habe ich noch. Ich muss mich beeilen!

Die Sache wird zum Albtraum. Diese Plättchen haben sich verhakt und wollen nicht herauskommen. Meine schweißnassen Hände zittern. Erst nach der zweiten Sauerstoffflasche gelingt es mir, das vierte Quadrat der Fotovoltaikzellen zu öffnen. Ich bin ausgelaugt wie nach einer gewaltigen Anstrengung. Ich muss ein paar Minuten Pause machen. Alle Muskeln tun mir weh. Die Schwerkraft macht mir zu schaffen: Drei Wochen vor dem künstlichen Schlaf und zwei danach ergeben eine Dauer von über einem Monat ohne jede Schwerkraft. Das reicht, um sich wie ein nasser Lappen zu fühlen.

Die Zeit verrinnt mir unter den Fingern. Das Aufladegerät muss an das elektrische Hilfssystem angekoppelt werden, um die Lufterneuerung im Schiff in Gang zu bringen, und wenn ich mich nicht beeile, werde ich diese Arbeit nie mehr zu Ende bringen. Ich hole das Verbindungskabel aus dem Stauraum des Raumschiffs. Nach draußen zurückgekehrt, knie ich mich vor das Ladegerät und schiebe den Stecker ein. Meine Hände flattern, alles bereitet mir Mühe. Endlich stehe ich auf, um das Kabel

abzurollen, dabei bewege ich mich langsam zum Raum-
schiff zurück.

Als ich mich umdrehe, traue ich meinen Augen nicht,
zucke zusammen, lasse das Kabel fallen: Da steht je-
mand vor mir, knappe drei Meter entfernt, eine Furcht
einflößende, riesige grüne Gestalt. Ich sehe zwei zum
Himmel gereckte Arme, aber da, wo wir Menschen den
Kopf haben, zwischen den Schultern, hat das Ungeheuer
nichts. Gleichzeitig krächzt es metallisch: »Frchtdch-
ncht!«

Ich stoße einen Schreckensschrei aus, versuche weg-
zurennen, stolpere über das Ladegerät, verliere das
Gleichgewicht und schlage schwer mit der Hüfte auf
die geöffneten Fotozellen des Apparates. Ich fühle einen
stechenden Schmerz an der Hüfte. Metallsplitter und
Stücke der Fotovoltaikzellen fliegen vor meinen aufge-
rissenen Augen wie in Zeitlupe durch die Luft, vollfüh-
ren einen verrückten Spiegeltanz. Die zertrümmerten
Zellen reflektieren Sonnenstrahlen, spiegeln das Blau
des Himmels und das Grün des Ungeheuers wider, mei-
ne Herzschläge schallen in meinen Ohren wie eine wir-
belnde Riesentrommel.

»Hbknngst!«, sagte das Ungeheuer, »Hbknngst,
chtdrnchts. MnNmstPtr!«

Ich versuche verzweifelt, mich umzudrehen, aber der
Raumanzug behindert meine Bewegungen. Es gelingt
mir nur mühsam, in eine halb sitzende Position zu
gelangen. Entsetzt krabble ich mit aufgestützten Hän-
den und nach hinten gelehntem Oberkörper rückwärts,

versuche, mich irgendwie von diesem Monster zu entfernen. Das Visier meines Helmes ist innen plötzlich ganz milchig angelaufen, die Sonne scheint mir direkt ins Gesicht und blendet mich.

Der schwarze Schatten des Monsters kommt immer näher. »Chbttdchhbknngst!«

Es gelingt mir einfach nicht, mit diesem Schutzanzug aufzustehen. Wieder verliere ich das Gleichgewicht. Diesmal falle ich rückwärts, wahrscheinlich zerstöre ich dabei auch noch die letzte Fotozelle, die ganz geblieben war. Erneut fliegen Splitter von spiegelndem Glas an meinem Visier vorbei. Ich fühle mich zurückversetzt in die Szene eines jener Horrorfilme, die vor hundert Jahren bei uns auf der Erde große Mode waren. Ein entsetzlicher Gedanke schießt mir durch den Kopf: Diese zerbrochenen Fotozellen sind mein Todesurteil, Monster hin oder her!

»Ptr! Blbrhg!« Der riesige Schatten des Monsters tritt zwischen mich und die Sonne. Ich sehe, wie es die Arme zu mir hinstreckt.

Das Stechen in meiner Hüfte lässt nicht nach. Im Gegenteil, es ist noch schlimmer geworden. Ich drehe mich mühsam um und schaffe es auf die Knie. Einen Moment lang kümmert mich das Monster nicht, ich muss herausfinden, was mir diesen Schmerz verursacht. Ich taste mir die Seite ab und stoße gegen etwas Hartes. Der Schmerz lässt mich fast ohnmächtig werden. Ich merke, dass mich die Kräfte verlassen, greife instinktiv nach dem harten Ding und ziehe daran.

»Tdsncht!« Die Stimme des Ungeheuers zischt erschreckt.

Zu spät. Ich habe es schon herausgezogen, halte es vor mein Visier: ein Glassplitter. An seiner spitzen Seite klebt eine rote Flüssigkeit: Blut. Irgendwoher erschallt ein grelles Pfeifen. Im selben Augenblick merke ich, dass mein Schutzanzug nicht mehr so aufgeblasen ist wie vorher. Im Gegenteil, er wird immer schlaffer.

Ich erhebe mich taumelnd. Betrachte meine Seite. Der Raumanzug ist zerschnitten, ich höre die Luft zischend entweichen. Es gibt keine Möglichkeit, ein so großes Loch zu stopfen. Ich bin verloren. Wie versteinert. Das Ungeheuer und ich stehen uns gegenüber. Es senkt seine seltsamen Arme, während es mich anschaut. Ich weiß nicht wie, aber ich merke, dass es sehr gut weiß, was mir passiert. Einen langen Moment bleiben wir so. Ich, der nur schwach atmet, mit der Scherbe in der Hand, er, vor mir, regungslos.

Ich habe einmal gelesen, dass angesichts des Todes Erinnerungen aus deinem Leben in schneller Folge vor dem inneren Auge vorbeiziehen. Nichts dergleichen passiert. Ich kann sogar wieder leichter Atem holen! Also werfe ich die Scherbe auf den Boden, hebe die Hände hoch und nehme den Helm ab. Ein leichter Windhauch streicht über mein verschwitztes Gesicht. Meine Lungen saugen gierig die frische Luft ein. Für einen kurzen Moment vergesse ich vor Erleichterung sogar das Ungeheuer vor mir. Die Luft des Planeten ist absolut wunderbar!

»Chfrmchdssddlfttmnknnst«, sagt das Monster. »Chwrmrnchtschr.«

Auch wenn es keinen Kopf hat, habe ich irgendwie das verrückte Gefühl, als lächle es. Das Ungeheuer verbeugt sich feierlich vor mir, richtet sich wieder auf, klopft sich mit einer grünen Kralle auf die breite Brust und sagt: »Ptr.«

Auch ich verbeuge mich. »Robert Duvall«, versuche ich zu sagen, aber meine Stimme will nicht funktionieren, es kommt nur ein heiseres Krächzen über meine Lippen. Außerdem will es mir nicht gelingen, mich wieder in eine aufrechte Haltung zu bringen. Der Helm gleitet mir aus der Hand, die Erde fällt mir entgegen, alles wird schwarz.

DREI

Wie lange ich schon hier bin, in der Höhle der Smtn, weiß ich nicht. Mein Bart ist länger geworden. Ich muss mindestens vier Tage lang bewusstlos in der Höhle gelegen haben, vielleicht auch eine ganze Woche. Aber darauf kommt es nicht an.

Viel wichtiger ist, dass es mir jetzt gut geht. Ptr oder einer seiner Freunde haben meine Verletzung an der Hüfte behandelt. Als ich aufwachte, hatte man mir den Raumanzug ausgezogen, ich trug einen dunklen Verband mit einem seltsamen grauen Zeug, das nach Schimmel und Pilzen roch. So unglaublich es klingen mag, die Wunde ist schon vernarbt, ich kann aufstehen und mich problemlos bewegen.

Ach, nicht wirklich. Die Höhlen, in denen die grünen Monster wohnen, sind niedrige Kuppeln aus Schmelzstein, und wenn ich in der Höhle herumgehen möchte, muss ich das mit gesenktem Kopf oder mit gebeugten Knien tun, und beides ist ziemlich anstrengend. Deshalb bleibe ich so viel wie nur möglich sitzen.

Ptr hat diese Probleme nicht. Er hat ja keinen Kopf. Die Höhlen besitzen genau das richtige Maß für Wesen seiner Größe. Vier oder fünf von ihnen können bequem mit herunterhängenden Armen darin stehen. Diese seltsamen grünen Lebewesen haben zwei lange Arme und zwei Beine mit Gelenken, so ähnlich wie die unseren, aber keinen Kopf. Anstelle eines Kopfes wachsen aus dem glatten Rumpf drei seltsame blaue Röhrchen heraus, wie Luftröhren, die den Hals um knapp zehn Zentimeter überragen. Sie sind weich und können sich einzeln in alle Richtungen bewegen. Das mittlere Rohr dient mit Sicherheit zum Sehen, auch wenn es dem menschlichen Auge in keiner Weise ähnlich ist. Das erkennt man an seinen Bewegungen. Das Rohr auf der rechten Seite dient der Ernährung und kann um etwa fünfzig Zentimeter verlängert werden. Die Bewohner des Planeten tauchen es in Becken mit flüssigem Protein, nachdem sie sich zum Essen hingekniet oder sich auf dem Boden ausgestreckt haben. Die Becken sind aus Porzellan oder einem ähnlichen Material. Sie befinden sich immer in der mittleren Höhle, um die herum acht andere Höhlen genau im Kreis angelegt sind, vier davon bewohnt, die anderen dienen als Korridore oder Durchgangspforten.

Die Korridore entsprechen genau den vier Himmelsrichtungen.

Und das dritte, das letzte der blauen Röhrchen? Ich kann mir vorstellen, wofür es gebraucht wird, weil Ptr nirgends sonst an seinem Körper eine Öffnung hat. Wahrscheinlich benutzt er es nur, wenn ich schlafe, um mich nicht in Verlegenheit zu bringen.

Ich muss zugeben, dass mir ihre Gestalt nicht besonders zusagt. Eine intelligente Lebensform, aber ohne eigentlichen Kopf, der doch nach unseren menschlichen Vorstellungen ganz grundlegend für alle Menschen- und Tierleben ist. Für uns ist seit jeher klar, dass der Kopf der Sitz der Intelligenz, des Denkens und der Sinnesorgane ist. Und wenn wir einem anderen menschlichen Wesen begegnen, dann schauen wir ihm zuallererst ins Gesicht. Bei Ptr ist das alles anders. Das gänzliche Fehlen eines Kopfes befremdet mich jedes Mal, wenn ich einem der Smtn begegne.

Ich weiß nie, wohin ich schauen soll, wenn sie mich ansprechen, weil es mir unangenehm ist, auf ihre drei Röhrchen zu starren. Auch sonst empfinde ich sie als überaus unschön, und wenn sie essen, dreht sich mir der Magen um. Ich bringe es nicht fertig, diese unförmigen Wesen mit der harten, glänzend grünen Haut anzuschauen, wenn sie sich hinknien, ihr blaues Röhrchen in die dickflüssige Nahrungspampe hineinstecken und zu saugen beginnen. Allein von dem Geräusch wird mir schlecht!

Das Schlimme ist, dass sie die ganze Zeit essen und

reden. Oft sind sie zu viert oder fünft in meinem Raum, einer neben dem anderen, sehen mich an und reden und reden. Ich glaube, sie sind überzeugt davon, dass ich sie verstehen kann. Warum sonst sollten sie sich mir zuwenden, wenn sie gesprochen haben, als erwarteten sie eine Reaktion von mir? Und dann fangen sie meistens an zu lachen. Es klingt zwar eher wie ein Röcheln, fast als würden sie ersticken anstatt zu lachen, aber ich bin mir sicher, es handelt sich dabei um ein Gefühl der Freude. Das erkenne ich an den Schultern der Smtn, denn die zittern und beben beim Lachen.

Was mich noch sehr an ihnen stört, sind diese seltsamen Hände! Sie haben keine Daumen zum Greifen, vielmehr einen dicken, gekrümmten Sporn, weit ab von den anderen Fingern. Zu welchem Zweck er dient, ist mir nicht klar. Aber es gibt noch so viel, das ich nicht weiß: Zum Beispiel, wo sie ihr Essen zubereiten, wie sie diese unglaublichen Kuppeln bauen und ob sie arbeiten müssen. Mir kommt es vor, als hätten sie weder irgendwelche Pflichten noch die geringste Gemeinschaftsaufgabe, an der sie zu bestimmten Zeiten teilnehmen müssen. Mein Eindruck ist, dass mich im Lauf der Zeit sämtliche Smtn der Kuppelstadt in kleinen Gruppen, immer zu dritt oder zu viert, in meinem Gewölbe besucht haben. Sicher bin ich nicht, denn es fällt mir weiterhin schwer, sie auseinanderzuhalten. Ptr ist da eine Ausnahme. Er scheint mir anders zu sein, aber es ist mir noch nicht gelungen zu verstehen, worin er anders ist. Ich werde es herausfinden. Irgend etwas in meinem Hinter-

kopf sagt mir, dass ich noch jede Menge Zeit haben werde, mich mit ihnen zu beschäftigen.

VIER

Wieder sind zwei Tage vergangen. Heute morgen war es endlich so weit: Ich habe zum ersten Mal die Kuppel-stadt verlassen, um mit Ptr zum SS Explorer zu gehen und meine Gefährten zu begraben. Eigentlich hatte ich vorgehabt, den ganzen Tag dortzubleiben, aber Ptr machte mir klar, dass man nur in den frühen Morgen-stunden oder am späten Nachmittag hingehen könne. Er jedenfalls darf sich nicht länger als drei Stunden im Sonnenlicht aufhalten. Das liegt an der brennenden Sonne, und weil die Haut der Smtn zu empfindlich für lange Sonnenbestrahlung ist.

Inzwischen habe ich herausgefunden, warum es mir am Anfang, nach meiner Heilung, gelungen war, Ptr un-ter seinen Artgenossen wiederzuerkennen. Der Ärmste hatte sich viel zu lange der Sonne ausgesetzt, um mir das Leben zu retten und mich dann in seinen Armen in die Stadt der steinernen Kuppeln zu tragen. Seine Haut war völlig zerknittert und verkrustet gewesen, ohne den gewöhnlichen Glanz. Aber jetzt ging es ihm wieder gut.

So sind wir im Morgengrauen aufgebrochen und nur so lange wie irgend nötig draußen geblieben. Ptr hat den ganzen Weg lang geplappert. Als wir beim Raum-schiff angekommen waren, wurde er schweigsam. Er sah mir zu, wie ich in einer Senke in der Nähe des Raumschiffs ein großes Grab für meine Gefährten vorbereitete. Dann habe ich die vier Piloten mit Steinen bedeckt. Es blieb mir leider keine Zeit mehr, ein Kreuz zu errichten. Ptr machte mir mit Gesten klar, dass es höchste Zeit für uns war, zurückzukehren und uns vor den Sonnenstrahlen zu schützen.

Tatsächlich wurde der Rückweg in der erbarmungslosen Sonne, die die Luft zum Zittern brachte, sehr heiß und beschwerlich.

Trotz aller Vorsicht hat der Ausflug für ihn zu lange gedauert. Vorher war Ptr praktisch gesund, aber jetzt bekam er neue Verbrennungen am Oberkörper und am Rücken. Er schien zu leiden.

Auf dem Rückweg hörte er mir schweigend zu, während ich ihm alles erklärte, was ich reparieren oder mir verschaffen müsste, um das Raumschiff zum Fliegen zu bringen. Ich hatte die seltsame Empfindung, er könne verstehen, was ich ihm sagte.

Was Ptr nicht wissen konnte, war, dass ich vor allem deshalb dauernd geredet hatte, damit ich seiner schrecklichen Sprache voller Zahnlaute, Lippenlaute und Zischlaute nicht zuhören musste. Kurz und gut, ich schwatzte sinnloses Zeug. Ich hatte begriffen, dass keine Aussicht bestand, das Raumschiff je wieder abheben zu lassen. Dazu war es zu stark von der Bruchlandung mitgenommen worden. Ich habe auch deshalb so viel gesprochen, um meine eigene Sprache zu hören. Sie fehlt mir so sehr!

FÜNF

Über ihre Kultur habe ich nicht allzu viel herausfinden können. Das wenige reicht mir jedoch, um zu verstehen, dass die Stadt mit ihren Kuppeln ein wahres Wunderwerk ist. Nur langsam begreife ich, was alles dazugehört, eine derartige Architektur und soziale Struktur zu erschaffen. Vieles davon verstehe ich noch nicht, aber zuerst würde ich brennend gerne wissen, wie die Smtn Steine oder Mineralien zum Schmelzen bringen, um sodann ihren Hauskuppeln diese absolut vollkommene Form zu verleihen. Es handelt sich mit Sicherheit nicht um eine natürliche geologische Ausformung, die durch Zufall entstanden ist und von den Smtn genutzt wurde. Als Geologe verstehe ich etwas von Steinformationen. Die Smtn stellen diese Kuppeln irgendwie her und verbinden sie dann miteinander, aber wie sie das anstellen, ist und bleibt mir ein Rätsel. Es gibt keine sichtbaren Verbindungen am Fuß der Kuppeln und nicht einmal in den Durchgängen dazwischen, die jede Gruppe von acht Kuppeln an die nächste Gruppe anfügen. Vielleicht stellen sie zuerst die neuen Kuppeln auf und schweißen dann die Wände durch Verwendung von Wärme zusammen? Ich gäbe wer weiß was dafür, es herauszufinden.

Ein anderes Rätsel ist die Zubereitung ihrer Nahrung. Nie habe ich einen Smtn dabei beobachtet, dass er sich mit einem der Becken beschäftigte, in die das flüssige Protein gefüllt wird. Und doch sind die Becken zu jeder Stunde des Tages sauber und bis zum Rand gefüllt.

Was die Becken betrifft: Ich habe angefangen, mich mit ihrer Speise zu ernähren. Die Vorräte aus dem Raumschiff waren größtenteils verdorben, weil der elektrische Strom ausgefallen war. Ich habe noch eine Schachtel mit Vitamin- und Proteintabletten, aber besser war es doch, das auszuprobieren, was mir die Smtn zur Verfügung stellen.

Ich war aufs Schlimmste gefasst gewesen. Ich muss sagen: Überraschenderweise besitzt die Speise nicht den geringsten Geschmack, schmeckt absolut nach nichts. Nur die Art der Pampe ist eklig: wie kalter, zu flüssiger Grießbrei. Wozu ich mich gar nicht überwinden kann, ist, so zu essen, wie es Ptr und die Smtn tun. Es wäre auch zu unbequem für ein menschliches Wesen, das keinen Rüssel zum Saugen hat. Ich habe einen Löffel aus dem SS Explorer mitgenommen. Zum Glück gab es noch einen im Lagerraum, der für Gesteinsentnahme und Analyse auf den Planeten vorgesehen war. Ich habe mich mit dem Löffel neben das Becken gesetzt und gegessen. Die Smtn, die gerade in meiner Kuppel zu Besuch waren, beobachteten mich und redeten ununterbrochen auf mich ein. Trotzdem schienen sie sich zu freuen und lachten, während ich aß.

Nur dank Ptr habe ich meine Bruchlandung überleben können. Ohne ihn wäre ich dem Tode geweiht gewesen, jetzt hingegen lebe ich hier in der Gemeinschaft der Smtn auf einem Planeten, dessen Namen ich nicht kenne, in einer Galaxie, von der niemand auf der Erde auch nur weiß, dass es sie gibt. Aber ich bin hier, atme,

die Luft ist der unserer Erde ähnlich, ich esse eine Nah-
rung, die für meinen Körper geeignet ist, und man be-
handelt mich gut. Wenn das kein Glück ist, was dann?

Ich muss auch zugeben, dass mir die Smtn nicht mehr
so unangenehm sind wie am Anfang. Ihre Stimmen
gefallen mir immer noch nicht, aber zumindest gewöh-
ne ich mich langsam an den Klang ihrer Sprache. Mir
scheint sogar, dass es mir dann und wann gelingt, etwas
zu verstehen, wenn sie mit mir sprechen. Tatsächlich
kommen sie weiterhin in meine Kuppel, immer in Grup-
pen zu viert oder fünft, und reden und reden. Dabei
stehen sie fast regungslos, sehen mich an und sprechen
abwechselnd. Hin und wieder fangen sie an zu lachen.
Komisch, einmal habe ich gemerkt, dass ich sogar mit-
gelacht habe. Das fühlte sich seltsam an. Einerseits weil
ich sie beim Zuhören ja gar nicht richtig verstehen
konnte. Andererseits weil mir erst jetzt so richtig klar
geworden ist, welch unglaubliche Anpassungsfähigkeit
wir Menschen besitzen. Das hat mir zu denken gegeben
über das, was mir seit meinem Erwachen im Raumschiff
passiert ist. Ich habe meine Reisegefährten verloren,
mein Raumschiff steht halb verbrannt auf einem frem-
den Planeten, und dann erwische ich mich dabei, dass
ich zusammen mit den Smtn lache! Dabei sieht meine
Zukunft alles andere als rosig aus. Aber ändern kann ich
es nicht. Fürs Erste lebe ich, atme, esse und denke an
unsere Erde. In der Zwischenzeit schreibe ich weiter an
diesem Tagebuch. Ich weiß, dass es nie zu etwas nützen

wird, dass es kein Mensch jemals lesen wird, aber es hilft mir, mich mit meiner Erde, meiner Menschenrasse und meiner Sprache verbunden zu fühlen.

Und dann will ich auch über meine Sprache selbst reden. An manchen Tagen erscheint sie mir fremd, so weit weg, als hätte ich sie seit vielen Monaten nicht mehr gesprochen. Ich versuchte, laut zu sprechen, aber das war keine gute Idee. Der Klang meiner Stimme und der Worte in meiner Sprache verlieh mir kein gutes Gefühl. Irgendwie passte meine Sprache nicht hierher. Die Smtn standen dabei und hörten mir zu, entspannt, aber zugleich doch konzentriert. Ich hatte fast den Eindruck, sie hätten etwas verstanden, während ich mit lauter Stimme zu mir selbst sprach. Als ich nach einer Weile aufhörte, sind sie alle still geblieben und haben mich mit ihrem schlauchförmigen Auge gemustert. Sie waren sichtlich bewegt, haben aber netterweise nichts gesagt. Es ist eine Rasse, die im richtigen Moment auch zu schweigen weiß.

SECHS

Seltsame Dinge passieren. Ich habe mein Zeitgefühl fast gänzlich verloren. Die Tage kommen und gehen, aber mir scheint, sie besitzen nicht mehr die Bedeutung, die sie früher für mich hatten. Der Lebensrhythmus in der Kuppelstadt wird von anderen Dingen bestimmt: vom Essen und Trinken, von den Smtn, die mich andauernd besuchen, von ihrem Gelächter, ihrer

ungezwungenen Liebenswürdigkeit, die sie mir gegen-
über an den Tag legen. Ich habe sogar die Lust verloren
auszugehen, etwas, das mir bis vor Kurzem noch als
dringendes Bedürfnis erschien. Seit einiger Zeit ziehe
ich es vor, in meiner Kuppel zu bleiben, in Gesellschaft
der Smtn.

Ich habe irgendwie den Eindruck, dass ihre Anwesen-
heit wichtig ist für mein inneres Gleichgewicht. Fest
steht, dass ich mich bei ihnen wohlfühle. Es kann nicht
an dem liegen, was sie sagen, auch wenn ich, um ehrlich
zu sein, endlich ihre Sprache besser verstehe. Einem
einfachen und unkomplizierten Gespräch kann ich eini-
germaßen folgen. Sie geben sich Mühe, damit ich sie
verstehen kann, während sie untereinander in mir un-
begreiflichen, schnellen Sätzen sprechen. Also muss es
etwas anderes sein, was die Smtn mir geben, etwas, das
weit über ihre Worte hinausgeht. Ich glaube, sie sind
fähig, mir irgendwie Empfindungen und Gefühlsbewe-
gungen, wie zum Beispiel Vertrauen und Sicherheit, zu
übertragen.

Wenn ich es richtig verstanden habe, wird mir bald
eine eigene Kuppel zugeteilt werden! Diese Neuigkeit
hat mir große Freude bereitet und mich noch in meinem
Vorhaben bestärkt, schnell ihre Sprache und Kultur zu
erlernen. Wann genau es sein wird, habe ich nicht ver-
standen. Sie haben eine recht seltsame Art der Zeitein-
teilung. Sie zählen die Tage nicht wie wir, entsprechend
der Umdrehung ihres Planeten, sondern gemäß einer
Empfindung, die von den Angehörigen des Smtn-Volks

wahrgenommen wird. Ich hoffe, in Kürze ihre Zeitvorstellung zu verstehen, dann werde ich wissen, wie viele Tage noch fehlen, bis ich meine Kuppel bekomme. Überdies wird Ptr bald kommen, und er wird sicher alles tun, um mir die Angelegenheit ihrer Zeiteinteilung zu erklären.

Ich weiß nicht genau, wann Ptr kommen wird. Seine Bsuche beglückn mich immer mehr. Er vermittelt mir zunehmend Vrständnis für die Kultur der Smtn. Jedes Mal lerne ich Neues und Wunderbres. Jetzt weiß ich, wie sie die Kuppeln mithilfe der Bktrn bauen, ihrer treuen, unsichtbaren Freunde! Ich habe erfahren, wie sie in großen unterirdischen Bhältern auf der Grundlage von Flssgwß ihre Nahrung zubereiten. Wenn ich Zeit hätte, würde ich es jetzt beschreiben, aber ich konzentriere mich auf Ptrs Besuch und muss mich geistg auf unsere tägliche Begegnung vorbereiten.

Was das Beschreibn angeht, vielmehr das Schreiben: Ich merke, wie es mr immer schwerer fällt, das Tagebuch zu führen. Jedn Tag, der verght, habe ich größre Müh, mich zu überwinden, das Tagebuch zu öffn und mich ans Schreibn zu begebn. Liegt das daran, dass mein Tagebuch offnsichtlch nutzls ist, oder hat s irgendein andrn Grund? Schwer zu sagn. Viellcicht ist cs mir nicht mehr so wichtg, die Antwrt zu findn? Sichr ist, dass s mir Müh macht, in meinr Sprache zu sprechn und zu schreibn. Wie wenn s eine fremde Sprache wär, vor dreißg Jahren gelernt und nun fast schon vergessn. Aber s sind kein Grmmatikproblem. In dem Fall wär s leichtr zu rklärn, was ich zu sagn versuch. Das st s nicht, ich hab gmerkt, dass ch Problem mit dn ...

Da kmmt mn Freund Ptr!

Ich mss ghn!

SIEBEN

Ich hb entschdn, ncht mhr in mn Tgbch zu schrbn. Es ht knn Snn. Erstns, wl niemnd s jmls lsn wrd, zwtns, wl ch kn Lst mhr dzu hb.

S st ncht mhr wchtg, zr Erd zrückzkhrn, nachdm ch glernt hb, bei dn Smtn z lebn. Ich wll ncht n einr s niedrgn barbrschn Kultr wi auf dr Erd lbn, ncht, nchdm ch d Smtn knnnglrnt hb.

Sd ncht bös, abr ch wrd jtzt ds Tgbch fr mmr schlßn. Ds wrs, ch hb euch lrdschn nchts mhr z sgn.

Grd kmmn Ptr, Mrks u Jhnn.

Afwdrshn

Rbrt Dvll.

Fünftes Kapitel

Wie man seine Figuren zum Leben erweckt

Hat dir meine Geschichte über das grüne Ungeheuer gefallen? Ich hoffe doch sehr, denn ich habe mich angestrengt. Aber ohne Andreas Zeichnung hätte ich die Geschichte nie erfunden!

Um Robert Duvall und Ptr »Leben zu verleihen«, habe ich beiden eine klar erkennbare Persönlichkeit gegeben. Dieser Vorgang heißt Charakterbeschreibung oder Charakterisierung, und er war sowohl bei Duvall als auch bei Ptr ziemlich wichtig, sonst hätte die Geschichte nie funktioniert. Mit der Charakterbeschreibung (wie das Wort schon verrät) verleiht der Autor den Figuren in seiner Geschichte Leben. Er erreicht das durch Informationen vor allem über den

Charakter und ihr Benehmen, nur im Notfall auch über das Aussehen der Hauptfiguren. Aber denke dran: Wenn du das Aussehen einer deiner Figuren beschreibst, halte dich so knapp wie möglich. Es sind ihre Taten und vor allem Worte, die ihnen in deiner Geschichte Leben einhauchen, wie sie aussehen, ist meist nebensächlich. Hier Beispiele der Charakterbeschreibung zu Robert Duvall:

Kaum berühren die drei Teleskopbeine des Raumschiffs SS Explorer die Oberfläche des Planeten, tue ich etwas, was in sämtlichen Vorschriften für Piloten strengstens verboten ist.

Also musste ich zuerst einmal landen und herausfinden, wie dieser Planet heißt und wo er sich befindet, mir irgendwie neuen Brennstoff besorgen und dann eventuell wieder abheben und zur Erde fliegen!

Ich aber bin Geologe, habe die Pilotenschule nur ein Semester lang besucht und ein paar Mal lustlos Computerflugsimulation geübt. Ich war von allen an Bord am wenigsten geeignet, ein Raumschiff zu steuern.

Ich ziehe es vor, als Mensch bei vollem Bewusstsein und mit festem Boden unter den Füßen zu sterben. Nicht als Astronaut in absoluter Leere, auf dem Flug durch den Weltraum in einem lautlosen Sarg.

Das sind nur einige der möglichen Beispiele. Ich habe Duvall auf diese Weise charakterisiert, damit der Leser sich ein Bild von diesem Menschen machen kann: Duvall ist durch und durch ein Wissenschaftler. Er denkt mit seinem eigenen Kopf, ist logisch und praktisch, man merkt, dass er Geologe ist, dass er jahrelang die Natur studiert hat, denn er steht lieber mit beiden Füßen auf dem Boden, als dass er durchs All fliegt und Anordnungen aus Handbüchern folgt. Das unterscheidet ihn von Piloten beim Militär und von den anderen Astronauten, alles Leute, die stur Regeln befolgen. Sein Charakter war mir wichtig, damit das Ende der Geschichte funktionierte. Nur ein offener, aufgeschlossener Mensch mit gesunder Neugier hätte sich bei Ptr so gut eingefunden wie Duvall. Ein Pilot an seiner Stelle hätte die ganze Zeit damit verbracht, die Rakete wieder startfähig zu machen oder Kontakt mit der Erde aufzunehmen.

Mit Ptr war es natürlich schwieriger. Anfangs entspringt seine Charakterisierung nur der Reaktion Duvalls, der große Angst vor ihm hat. Erst mit der Zeit und durch Duvalls Aufzeichnungen im Tagebuch erfährt der Leser, dass Ptr ein intelligentes, feines Wesen ist. Ich habe dazu noch mit seiner Sprache gespielt: Um zu verstehen, was Ptr sagt, muss der Leser erst einmal herausfinden, dass Ptrs Sprache gar nicht so kompliziert ist, wie man auf den ersten Blick denken mag. Es genügt, sich die Vokale zwischen seine Konsonanten hineinzudenken. Die semitischen Sprachen funktionieren genauso. Millionen von Menschen schreiben ihre Sprache ohne Vokale, auch heute noch! Und da wir gerade von diesem kleinen literarischen Spielchen sprechen, das ich mit Ptr erfunden habe: In allen Schulen, in die ich eingeladen wurde, um dieses Buch vorzustellen, haben die jungen Leser immer sofort Ptr verstehen können. Die Lehrer oft nicht!

Eine einzige Passage über Ptr genügt als Beispiel für seine Charakterisierung:

»Chfrmchdssddlfttmnknnst«, sagt das Monster. »Chwr-mrnchtschr.«

Auch wenn er keinen Kopf hat, habe ich irgendwie das verrückte Gefühl, als lächle er. Das Ungeheuer verbeugt sich feierlich vor mir, richtet sich wieder auf, klopft sich mit einer grünen Kralle auf die breite Brust und sagt: »Ptr.«

So erfährt der Leser schon aus Duvalls Reaktion, auch wenn er die Worte des Ungeheuers gar nicht verstehen sollte, was Ptr wirklich sagt, dass das Ungeheuer die brenzlige Situation Duvalls erfasst hat, und damit steht jetzt fest, dass Ptr ein logisch denkendes Wesen ist. Als er sich dann feierlich vorstellt, wird dem Leser klar, dass Ptr auch gut erzogen ist und Würde besitzt. Dank dieses einzigen Satzes erkennt der Leser, dass Ptr gar kein Ungeheuer ist, sondern nur in unseren Augen anfänglich so aussieht.

Und das war auch schon der wahre Zweck dieser Geschichte: zu zeigen, dass Vorurteile uns täuschen können und oft gefährlich sind!

Man kann eine Geschichte auch schreiben, ohne eine Charakterisierung zu liefern, dann aber entspringt das Bild, das der Leser sich macht, allein aus den Worten der Figur, aus seinen Monologen oder Dialogen, und das ist nicht ganz einfach. Ehrlich gesagt, ist es ziemlich verzwackt. Bei Theaterstücken hat man keine andere Wahl, da die Texte nur aus nackten Dialogen bestehen. Dort gibt es keinen Platz für Beschreibungen wie in Romanen und Geschichten; es ist sicher einfacher, wenn du anfänglich die Charakterbeschreibung übst und genaue Beschreibungen für deine Personen in deinen Geschichten lieferst. Sie müssen ja nicht sehr lang sein. Ein Theaterstück kannst du später immer noch schreiben.

 Solltest du noch Lust haben, dann suche in der Geschichte noch andere Stellen, in denen Robert Duvall »charakterisiert« wird, und versuche zu erkennen, welche besonderen Merkmale ich zu diesem Zweck benutzt habe.

Auch die Wahl der erzählenden Person ist äußerst wichtig (diesen Punkt haben wir im Kapitel »Ein guter Anfang ist wichtig«). Wenn wir uns zusammen noch einmal die gesammelten Anfänge berühmter Autoren auf Seite 58–63 ansehen, möchte ich in diesem Zusammenhang ein paar Bemerkungen zum Thema der Erzählerfigur hinzufügen:

In den Märchen verläuft die Erzählung in der Regel in der dritten Person Singular: Eine Erzählerstimme, die selbst im Text nicht vorkommt, erzählt von einem »Er« oder einer »Sie«. Das ist die typische Erzählform für Märchen. Wenn du bedenkst, dass Märchen meistens zwei- oder dreihundert Jahre alt sind und immer noch gelesen werden, dann kann man dieser Erzählform alles nachsagen, aber nicht, dass sie nicht funktioniert. In längeren Romanen ist sie heute noch die beliebteste Erzählerfigur. Die Nachteile entstehen dadurch, dass der Leser sich natürlich von einem »Er« oder »Sie« nicht so persönlich hinreißen lässt wie von einem Erzähler, der einem in der »Ich«-Form begegnet.

Die »Ich«-Form hat nämlich genau diesen Vorteil: Wenn die Geschichte gut geschrieben ist, reißt sie den Leser einfacher mit, sie »verzaubert« ihn, weil er sich in den Erzähler hineindenken kann.

 Was meinst du, wäre es genauso gut gegangen, wenn in der Geschichte von Ptr nicht Robert Duvall die erzählende Person gewesen wäre, sondern wenn sie in der dritten Person erzählt worden wäre? Wenn du willst, probiere, den ersten Teil der Erzählung noch mal zu lesen und dabei im Kopf »ich« durch »er« und »Robert Duvall« zu ersetzen. Hast

du es gemacht? Was würde sich in der Erzählung ändern? Welche der beiden Schreibarten ziehst du vor?

Es gibt ein anderes Spiel, das Spaß machen könnte: verteilte Rollen. Versuche darüber nachzudenken, was in der Ptr-Erzählung passieren würde, wenn die Geschichte nicht aus Robert Duvalls Sichtweise, sondern von Ptr erzählt worden wäre. Was würde sich ändern? Liefe alles genauso ab? Warum?

Was meinst du, ist die Wahl, in der Gegenwart zu schreiben, zufällig? Begründe auch nur ganz kurz deine Meinung zu dieser Frage. Wenn dir nichts dazu einfällt (etwas musst du dich aber anstrengen!), dann hilft dir die nächste Frage sicher weiter.

Hätte ich die Geschichte ohne Probleme in der Vergangenheitsform schreiben können? Denke vor allem an das Ende der Geschichte: Wäre es überhaupt möglich, das letzte Kapitel in der Vergangenheit zu schreiben?

Nein, du hast natürlich recht: Das wäre nur unter großen Schwierigkeiten möglich gewesen. Das Ende meiner Kurzgeschichte funktioniert nur in der Gegenwart. Hätte ich »Ptr« in der Vergangenheit geschrieben, wäre ich am Ende gezwungen gewesen, jemand sein Tagebuch finden zu lassen und daraus dem Leser vorzulesen.

Und das wäre nicht sehr einfach zum Schreiben und Beschreiben gewesen, es wäre lang und holperig geworden, neue Personen hätten in die Geschichte eingewebt werden müssen (Astronauten von der Erde, zum Beispiel), während die Wahl der Gegenwart es der Geschichte erlaubte, flott und interessant zu enden.

Es fehlt noch ein anderer wichtiger Gesichtspunkt, wenn man schreibt (ich wette, du hast es bemerkt, als du Sibissibis zum ersten Mal laut gelesen hast!): der Klang der Wörter.

Bei Sibissibis wurden die Wörter nach einem festgelegten Lautprinzip ausgewählt: nämlich nach Zischlauten (wozu man die Buchstaben »s« und »z« braucht).

 Warum, glaubst du, sind die Zischlaute der vorherrschende Klang in der Geschichte von Sibissibis?

Was glaubst du, wäre es möglich gewesen, dass in der Erzählung Sibissibis alle Wörter wenigstens ein »s« enthalten hätten? Wenn nicht, warum?

 Es gab etwas, das mir sehr dabei geholfen hat, alle diese Wörter mit »s« und »z« zu finden? Was war das wohl?

106

Du hast recht, das war eine ziemlich blöde Frage. Da du den Trick mit dem Lexikon sofort herausgefunden hast, darfst du jetzt selbst seltsame Laute erfinden (mach aber bitte vorher deine Zimmertür zu, sonst denkt noch jemand, du wärst verrückt geworden), mit denen du die verschiedenen Tiere in deinen Geschichten sprechen lässt.

Erfinde Worte oder Geräusche, die jedes Tier charakterisieren:

ein Frosch ....

ein Känguru (bedenke, es springt!) ....

ein Schaf ....

eine Kuh ....

Du könntest jetzt auch ein Tier erfinden, das komisch spricht.

Dazu hast du mehrere Möglichkeiten:

- das Tier lispelt;
- das Tier hat starke Bauchschmerzen;
- das Tier sitzt unbemerkt in der Straßenbahn, die es ganz durchrüttelt (dafür kannst du dir beim Sprechen mit der flachen Hand auf die Brust schlagen);
- es kann ein komplett erfundenes, sehr lustiges Tier werden. Dazu hilft es, wenn du Gegenstände mit Tieren oder verschiedene Tiere miteinander kreuzt: ein Nilschwein, ein Schaukelhund, ein Kellerhühnchen usw.

Versuche aber immer, beim Erfinden irgendwie logisch zu bleiben.

Aber in vielen Erzählungen können es natürlich nicht nur Tiere sein, die so sprechen. Auch Menschen haben oft ein besonderes Merkmal, mit dem wir sie kennzeichnen können.

Um das besser zu verstehen, denke nur an die vielen verschiedenen Dialekte, die du irgendwann gehört hast. Ein Berliner sagt »Ich weiß das nicht« ganz anders als ein Bayer, ein Stuttgarter oder ein Kölner! Damit kannst du eine Figur deiner Erzählung ganz einfach charakterisieren. Besser wäre es natürlich, du kennst den Dialekt relativ gut, sonst musst du jemanden, der ihn kennt und spricht, um eine Übersetzung bitten, die du dann abschreibst.

Eine Figur, die nur Dialekt spricht, kann in einer Erzählung oft sehr nett und lustig wirken, denn sie unterscheidet sich stark von den anderen, die Hochdeutsch sprechen. In der Literatur wurde dieser Trick oft benützt, denke nur an Erich Kästner.

Aber abgesehen von Dialekten gibt es oft Menschen, die eigenartig sprechen.

 Kommt dir eine Person in den Sinn, die auf eine seltsame oder komische Art spricht? Wenn nicht, kannst du ihre Art zu sprechen auch selbst erfinden.

Manchmal genügt es, wenige Füllworte (Nöh, ach was! Wat denn?) jeweils passend in den Dialog dieser Figuren einzusetzen.

Auch diesen Trick hat zum Beispiel Erich Kästner oft und gerne in seinen Büchern benützt.

Sicher hast du bemerkt, dass Ausländer oft mit einem starken Akzent Deutsch sprechen. Manchmal muss man über diesen Akzent lachen. Machen wir einen Versuch?

Erfinde eine gewisse Anzahl von komischen Sätzen, die zu einem bestimmten anderen Land passen.

Zu den Ländern mit ausgesprochen starkem Akzent können wir zum Beispiel Italien, Frankreich, England und China zählen.

Los geht's:

....

....

....

Wenn wir gerade von Akzenten sprechen kommt mir eine gute Frage:

Deutsche lachen manchmal, wenn ein Ausländer gebrochenes Deutsch mit Akzent spricht. Meinst du, ein Ausländer muss nicht lachen, wenn ein Deutscher seine Sprache mit starkem Akzent spricht?

Nun sind wir so weit gekommen, da können wir auch einen Schritt weiter tun. Wenn man in einer Erzählung eine Person charakterisieren will, gibt es außer dem Akzent noch andere Tricks, die man gebrauchen kann. Zum Beispiel kann man für jede Altersgruppe eine eigene Sprechweise wählen. So wird ein kleines Kind in einer Erzählung auf andere Art sprechen als eine ältere Person.

Finde einen Ausdruck, der in deiner Erzählung ein kleines Kind charakterisieren könnte:

....

Auf wie viele verschiedene Arten könnte hingegen eine ältere Person sprechen? Wenn dir nichts einfällt, denke an deine Großeltern. Benutzen sie bestimmte Ausdrücke, die du persönlich nie gebrauchen würdest, weil sie dir veraltet vorkommen?

....

In Büchern, Comics, Filmen oder Zeichentrickfilmen gibt es Personen mit einer ganz unverwechselbaren Sprechweise. Wenn du dich an irgendeinen von ihnen erinnerst, wer ist es und wie spricht er?

....

Aber wir sind hier noch nicht am Ende! Nicht nur die Art zu sprechen, auch die Handlungen können eine Person in einer Erzählung charakterisieren. Auf Seite 60 hast du es zum Beispiel im Beginn des Buches »Der Wind in den Weiden« am Beispiel des Maulwurfs gesehen.

Um wieder zu »Ptr« zurückzukehren: Zuerst suche die besonderen Eigenschaften von Ptr, dann die Eigenschaften, die Robert Duvall beschreiben. (Um dir zu helfen: Du kannst dieser Spur hier folgen – körperliche Eigenschaften/Verhaltensweisen – zum Beispiel – hat immer Angst, ist ruhig, ist nervös, spricht nie usw.) Ich weiß, diese Aufgabe ist ziemlich lang. Aber du wirst das schon schaffen! Also:

....

....

....

Fertig? Sehr gut. Versuche kurz, dasselbe mit Sibissibis zu machen.

Sibissibis ist ...

....

....

....

Bis jetzt haben wir über die Ideen im Allgemeinen gesprochen. Vor allem haben wir mit ihnen gespielt und gesehen, wie man auf eine Idee kommt. Dann haben wir versucht, einen schönen Anfang für eine Geschichte zu (er)finden. In diesem Kapitel ging es darum, unsere Personen lebendig zu gestalten, sie zu charakterisieren.

Wahrscheinlich weißt du, dass all das jedoch noch nicht ausreicht, um eine gute Geschichte zu schreiben. Manch ein Trick, den Schriftstellerinnen und Schriftsteller benützen, fehlt uns noch, aber du kannst von jetzt ab wenigstens darauf achten, das zu nutzen, was du bis jetzt gelernt hast.

Sechstes Kapitel

Wie man eine schöne Geschichte erfindet und aufbaut

Eine Idee und einen Anfang hast du jetzt gefunden – aber wie wird eine Geschichte daraus? Eine gute Geschichte aufzubauen ist nicht einfach, aber es ist längst nicht so schwierig, wie du denkst, wenn ich dir jetzt den »unfehlbaren Trick des tüchtigen Geschichtenschreibers« erkläre.

Mehr als ein Trick ist es ein Spiel, das wir das »Wenn-Spiel« nennen könnten: Bei jedem Ding, bei jeder Sache und jeder Situation, die wir im Spiel beschreiben, beginnen wir mit dem Wort »wenn«. (Sätze, die mit »wenn« beginnen, heißen in der Grammatik auch »Nebensätze«.) Ist bis hierher alles klar?

Schau dich um, aber ohne vom Stuhl oder vom Bett aufzustehen. Das ist nicht nötig. (Wenn man will, kann man das »Wenn-Spiel« auch mit verbundenen Augen machen!) Stell dir vor, du bist gerade in der Schule, und das Erste, was dir unter die Augen

gerät, ist die Tür deines Klassenzimmers. Was musst du jetzt tun? Du musst dir ausdenken, dass vor oder hinter oder mit der Tür etwas passiert, was normalerweise nicht passieren könnte. Irgendetwas! Willst du ein Beispiel? Ich gebe dir gleich vier:

- Hinter der Tür wäre jemand oder etwas sehr Seltsames versteckt.
- Es könnte eine Musikgruppe sein, die plötzlich in die Klasse kommt und anfängt, ein Lied zu spielen, das dir gefällt.
- Die Tür ließe sich plötzlich nicht mehr öffnen.
- Sie könnte anfangen zu klappern oder sich bunt zu färben.

Das Spiel geht nun so: Du nimmst die erste Möglichkeit und denkst dir, was sich hinter der Tür verstecken könnte. Dann machst du den ersten Satz ungefähr so: »Wenn sich hinter der Tür ein Monster von einem anderen Planeten verstecken und nun die Tür aufreißen würde ...«

Und dann machst du eine Pause, denkst ein bisschen nach und beendest den Satz so, wie die Situation deines Erachtens logischerweise weitergehen würde, z. B.: »... dann würden alle Kinder in der Klasse anfangen, wie verrückt zu schreien.«

Sehr gut, hätte ich selbst nicht besser schreiben können. Noch ein Beispiel.

Du beginnst: »Wenn plötzlich die Tür aufginge

114

und wir auf dem Flur eine lustige Gruppe von Musikanten laut spielend vorbeiziehen sähen ...«

Dann denkst du erst über die Möglichkeiten nach, die sich dir auftun, und schreibst dann zum Beispiel weiter: »... würden wir Kinder blitzschnell das Klassenzimmer verlassen und singend und tanzend hinter der Gruppe durch die Stadt ziehen.«

Ziel des Spiels ist es vor allem, erst im Wenn-Satz etwas geschehen zu lassen, wovon wir wissen, dass es im normalen Leben **nicht** geschieht. Aber dann, mit dem zweiten Satz, versuchen wir, diese Situation weiterzuführen und mit einer eigenen Idee zu kombinieren. Man muss sich die Szene vorstellen und sich ausdenken, was logischerweise passieren oder wie es weitergehen könnte, wenn der Wenn- oder Nebensatz Realität würde.

Es ist besser, diesen Punkt im Detail noch einmal gut zu betrachten, denn er ist sehr wichtig. Beim Spielen mit den Wenn-Sätzen wirst du schnell merken: Es gibt Dinge, mit denen es sich leichter spielen lässt, und Gegenstände, die uns gar keine Idee geben. Manche regen unsere Fantasie besser an als andere. Dasselbe gilt für Personen: Einige sind interessanter zu beobachten als andere, laden geradezu zu einer tollen Geschichte ein. Wenn du dir vorstellst, dass der alte weißhaarige Herr im Nebenhaus, der ganz alleine wohnt und nie mit jemandem spricht, in Wirklichkeit ein Marsmensch ist, hast du schon einen Anfang. Bei Dingen kommt es vor, dass ihre Funktion zum Ausgangspunkt einer Idee wird (siehe das Beispiel mit der Tür des Klassenzimmers: Eine Tür ist dazu da, geöffnet und geschlossen zu werden, und um sie herum ändert sich normalerweise nie etwas). Wenn du also diese Funktion eines Gegenstands umdenkst, öffnen sich dir schnell wunderbare Ideen. Oft erzeugt dieses Spiel große Spannung, Horrorbücher und –filme basieren genau auf diesem Trick, und selbst lustige Filme wie »Toy-Story« gehen von einem Wenn-Spiel aus: Was würde passieren, wenn das Spielzeug im Kinderzimmer in Wahrheit lebendig wäre, aber nur dann, wenn die Kinder nicht in ihrem Zimmer sind?

Hast du einmal eine gute Idee, dann musst du sie logisch ausarbeiten.

Klar? Sehr gut! Nun heißt es: Aufgepasst! Jetzt geht es nicht darum, den Anfang einer Geschichte zu finden. Die Wenn-Sätze helfen dir, die eigentliche Handlung deiner Geschichte zu finden und sie zu entwickeln.

 Machen wir weiter mit der Übung: »Wenn eines Morgens sämtliche Uhren in deiner Wohnung plötzlich nicht mehr funktionieren würden ...« Erfinde drei mögliche Lösungen/Hauptsätze zu diesem Nebensatz:

a) ... dann ....

b) ... dann ....

c) ... dann ....

Ein anderes Beispiel: »Wenn ich am Ende der Stunde die Tür des Klassenzimmers öffnen sollte und dann entdecken würde, dass der Flur, die Mauer und die anderen Zimmer nicht mehr da sind, sondern an ihrer Stelle eine große Wiese und dahinter Berge ...« Schreibe, was du tun könntest (oder wolltest), wenn dir das passieren würde.

a) ... dann ....

b) ... dann ....

c) ... dann ....

 Die nächste Übung ist ähnlich. Jetzt geht es darum, eine Situation zu erfinden. Schau dich um und denke an irgendwas, das bis jetzt etwas ganz Gewöhnliches gewesen ist. Und dann denk dir aus, dass sich dies plötzlich ändert oder dass etwas ganz Ungewöhnliches damit geschieht. Erfinde mindestens drei solcher Situationen:

a) ....

b) ....

c) ....

Du hast dir gerade drei Sätze mit »wenn« ausgedacht. Nun bleibt dir nichts anderes übrig, als weiterzumachen und drei verschiedene Hauptsätze zu den drei Nebensätzen zu (er)finden:

a) … dann ....

b) … dann ....

c) … dann ....

Bis hierher war es leicht, oder?

Machen wir noch eine Übung, damit wir sicher sind, es geschafft zu haben? Ja? Gut. Es freut mich immer, wenn meine »Zauberlehrlinge« gerne mitspielen. Ich betrachte insgeheim meine Schüler immer als Zauberlehrlinge, denn im Grund ist Schreiben ja nichts anderes als Zaubern!

Unter tausend Möglichkeiten, wie es weitergehen könnte, sind viele dann doch nicht so gut geeignet, die erste Hälfte des Satzes weiterzuführen. Nehmen wir noch einmal das Beispiel auf, das wir eben hatten:

»Wenn plötzlich die Tür aufgerissen würde und eine Musikband hereinkäme … würden wir alle hinter der Band herlaufen und singend und tanzend durch die Stadt ziehen.«

Auch wenn dieser zweite Teil (der Hauptsatz) absolut logisch ist und prima an den Wenn-Satz anschließt, würde es nichts bringen, eine Geschichte so anzufangen, denn sie ist ja praktisch mit dem Hauptsatz schon zu Ende.

Das muss nicht heißen, der Satz sei unbrauchbar, im Gegenteil! Wir haben damit den Stoff für eine nette Geschichte erfunden, an der wir jetzt nur etwas weiterarbeiten müssen. Mit **dem »unfehlbaren Wenn-**

Trick« erfindet man eher ganze Geschichten oder wenigstens gute Ausgangssituationen, **als die Anfangssätze einer Geschichte.** Wir sollten die Situation nur etwas verbessern und sie vielleicht mit einigen Einzelheiten anreichern und ausbauen. Das ist, um ehrlich zu sein, fast der schönste Teil des Schreibens. Ich jedenfalls amüsiere mich immer, wenn es um das Ausbauen eines Anfangsgedankens geht.

Wie könnte das anhand dieses Beispiels geschehen? Machen wir einen Versuch, den Gedanken auszubauen:

Gehen wir von dem Satz oben aus. Ich stelle mir die Frage, warum eine Band aus der Stadt plötzlich, Lieder singend in ein Klassenzimmer der Schule hereinkommen sollte? Wohin kann mich ein solcher Anfang führen? (Das bringt uns zur Folgerichtigkeit zurück, von der am Anfang die Rede war.) Dazu fällt mir nicht viel ein. Offen gesagt, fällt mir gar nichts ein.

Ich gebe jedoch nicht auf. Das passiert auch den besten Schriftstellern. Wenn ich keine Idee habe, wie ich mit einem Anfang weitermachen kann, dann gibt es noch einen Trick, der manchmal funktioniert. Wer sagt denn auch, dass unsere Situation unbedingt **ein Anfang** sein muss? Niemand! Es könnte auch das Ende einer Geschichte sein!

Und wirklich, kaum denke ich umgekehrt, »vom Ende her«, da wird plötzlich eine Idee sichtbar. Ich habe das Gefühl, unser Satz könnte ganz gut das

Schlussstück und nicht der Anfang einer Geschichte sein. Ich versuche jetzt fieberhaft, darüber nachzudenken. Ich spiele mit der Situation. Zuallererst braucht man jetzt eine Hauptperson. Erfinden wir sie ganz einfach, nennen sie Jonas, und charakterisieren ihn passend dazu, was gleich mit ihm geschehen wird. Ich würde z. B. denken, dass Jonas ein Junge ist, der erst vor zwei oder drei Wochen in die Klasse gekommen ist. Wieso? Ganz einfach: Jonas gehört zu einem Zirkus, der von Stadt zu Stadt reist, und er geht jedes Mal da zur Schule, wo der Zirkus auftritt (ein Zirkus ist immer interessant, finde ich).

Nun kommen meine Ideen wie von selbst, eine Geschichte wird daraus:

Jonas ist neu in der Klasse, ein etwas seltsamer Junge, still und schüchtern. Die Mitschüler bemerken sehr schnell, dass er seine Hausaufgaben nie macht. Die Lehrer schimpfen deshalb immer mit ihm, aber er stört sich nicht daran, bleibt ruhig sitzen und gibt keine Antwort. Als die anderen Kinder ihn in der Pause fragen, warum er denn nie Hausaufgaben macht, antwortet er: »Wenn ich groß bin, werde ich ein Trommler!« Einfach so. Als gäbe es nichts Normaleres im Leben. Irgendwann fangen die anderen Kinder an zu lachen, wenn Jonas sagt, er würde Trommler. Dann passiert, was passieren

muss: Der Lehrer (schildern wir ihn als böse, das macht sich besser!) ist böse auf Jonas, weil er zum soundsovielten Mal seine Hausaufgaben nicht gemacht hat. Der Lehrer fängt an zu schreien und zu brüllen, nimmt Jonas' Heft und wirft es voller Zorn auf den Boden. Jonas jedoch zeigt keine Regung, schaut aus dem Fenster und lächelt. Der Lehrer wird immer wütender, will Jonas zur Direktorin bringen, brüllt noch lauter (beschreiben wir diese Szene sehr dramatisch, das verstärkt, was jetzt kommt!). Und genau in diesem Moment klopft es an der Klassentür.

Der Lehrer verstummt erschreckt. Alle Köpfe drehen sich zur Tür. »Das ist für mich!«, sagt Jonas und erhebt sich, als wäre es das Normalste auf der Welt. Der Lehrer steht mit offenem Mund da, während Jonas zur Tür geht, um sie zu öffnen. Draußen steht eine ganze Musikband, rot und blau gekleidet, mit goldenen Kordeln über der Brust und komischen spitzen Hütchen auf dem Kopf.

»Komm schon, Jonas!«, ruft der Leiter der Band, ein Mann mit einem gewaltigen Schnurrbart und einem Monokel. Er reicht Jonas eine Trommel und sagt: »Junge, es ist Zeit für uns, die Tapeten zu wechseln. Aber zuerst machen wir eine Abschiedstour durch den Ort.« Er wendet sich zu den Kindern mit einer einladenden Geste seines Armes: »Natürlich dürft ihr alle gerne mitkommen!«

Und so ist aus unserer Idee mit der Musikband eine

Geschichte geworden. Zugegeben, nicht gerade die spannendste der Welt, auch nicht die allerschönste, aber immerhin eine Geschichte mit einem Anfang, einer logischen Entwicklung und einem netten Schluss.

Du kannst das »Wenn-Spiel« spielen, wann und wo du willst. Es ist nicht nötig, es in der Schule zu spielen, es funktioniert zu Hause, in der Straßenbahn, im Schwimmbad, im Wartezimmer des Zahnarztes. In der Schule spielt man meines Erachtens sowieso viel zu wenig. Klar, der Deutschunterricht ist wichtig, er hilft dir zu lernen, wie man es macht, die Grundregeln zu verstehen und anzuwenden, nicht mehr und nicht weniger. Aber wie wir schon gesagt haben, die besten Ideen können dir irgendwo und irgendwann einfallen. Um *ganz* ehrlich zu sein: Es ist wahrscheinlicher, dass dir die guten Ideen an irgendeinem anderen Ort als gerade in der Schule einfallen. In der Klasse fühlt man sich unter Zwang, die Ideen hingegen lieben die Freiheit. Ideen kommen nicht auf Kommando. Kann man sich etwa die Haare mit der Kraft des Willens wachsen lassen? Nein, natürlich nicht. Sie wachsen von selbst. Die Ideen kommen und gehen von selbst. Wichtig ist die Fähigkeit, sie am Schopfe zu packen, wenn sie kommen. Und wenn du erst einmal eine Idee am Schopf gepackt hast, kannst du ab jetzt mit dem »Wenn-Spiel« sofort darangehen, eine ganze Geschichte daraus zu entwickeln und sie dann aufzuschreiben.

Für diese Übung wäre es besser, wenn du zwei oder drei Freunde hättest, die dieses Denkspielchen mitmachen würden. Natürlich geht es auch, wenn du allein bist, aber es macht viel weniger Spaß.

Der Erste denkt sich eine »Wenn-Situation« aus, und dann sagen die anderen laut, wie der Satz ihrer Meinung nach weitergehen könnte. Aber aufgepasst: Man muss gut und logisch überlegen, ehe man seine Fortsetzung sagt.

Wenn dir keine »Wenn-Situation« in den Sinn kommen sollte, helfe ich dir gerne mit einigen Beispielen. In Turin gibt es eine Straße, durch die ich oft gehe. Am Ende der Straße ist eine Musikschule. Von draußen sieht man nur eine Tür, und daneben hängt eine lange Liste mit allen Instrumenten, die man an der Schule spielen lernen kann: von der Gitarre bis zum Saxofon. Ein Witzbold hat nachts die ersten Buchstaben der Wörter von der Wand gekratzt. So las ich, als ich wieder einmal dort vorbeikam: »ompete«.

Nach zwei Schritten bin ich stehen geblieben und habe mich umgedreht. Es fehlte nicht nur das »Tr« bei der Trompete, auch in der Reihe darunter fehlten das »P« vor der Posaune und das »S« vor dem Saxofon. Und so ging es weiter.

Als ich weiterging, dachte ich an die »ompete«. Mir sind sofort mindestens zwei oder drei Geschichten zu diesem Erlebnis eingefallen, Stories von seltsamen Musikinstrumenten, von Marsmenschen, Geschichten von nächtlichen Buchstabendieben: Leute, die nachts unterwegs sind, um alle »ts« und »rs« oder wer weiß, welche Buchstaben noch, von den Geschäften, Haltestellen und Litfaßsäulen zu rauben. Was in einer Bibliothek passieren würde, falls aus allen Büchern das »t« geklaut würde, oder was die Diebe mit all diesen »ts« machen könnten ...

 Fällt dir vielleicht eine Geschichte mit »ompete« ein? Oder mit »osaune« oder »axofon«? »lavier«? »ither«?

Siebtes Kapitel

Das Spiel
mit den Zauberschachteln

In den vorherigen Kapiteln wurde beschrieben, wie man eine Idee finden kann, um eine Geschichte zu beginnen. Du hast mehr als eine gehabt, um mit deiner Erzählung loszulegen, aber dann wirst du die Sache probiert und dich alsbald gefragt haben: »Und jetzt? Was mache ich? Wie geht es denn nur weiter? Hilfe!«

Und nun? Du hast recht, dir diese Fragen zu stellen. Es ist eine Sache, eine gute Anfangsidee zu finden, etwas anderes ist es, mit dieser Anfangsidee eine ganze Geschichte zu schreiben, und zwar so, dass sie allen gefällt. Dafür gibt es

einige Regeln, die man kennen muss. Zum Glück funktionieren dieselben Regeln, die ich dir jetzt erkläre, gleichzeitig als hilfreiche Tricks, um Geschichten weiterzubringen.

Vor allem geht es jetzt um den Aufbau. Jede gute Erzählung hat eine innere Ordnung, einen logischen Faden, der die Personen, die wir erfinden, und die Taten dieser Personen in der Geschichte verbindet. Wie in einem Kochrezept ist es nötig, den Regeln der inneren Ordnung Schritt für Schritt zu folgen, um ein gutes Gericht hinzukriegen. Das Beispiel ist gar nicht so schlecht: Wenn du *zuerst* die Milch nimmst und *dann* das Mehl hineinschüttest, wird der Kuchen immer Klümpchen haben! Auch Kochrezepte haben eine Ordnung.

Wenn du also eine Erzählung schreibst, hilft die innere Ordnung dabei, dem Leser verständlich zu machen, was geschieht. Du, als junge Schriftstellerin oder junger Schriftsteller, musst den Leser »an die Hand nehmen« und ihn durch deine Geschichte führen. Tust du das nicht, verirrt er sich. Und ein Leser, der sich verirrt, legt die Geschichte beiseite und liest lieber eine andere, in der die innere Ordnung stimmt.

Wie macht man das?, wirst du mich fragen. Das ist doch sicher sehr kompliziert! Nein, es ist gar nicht so schwierig.

Fangen wir zunächst damit an, über die Hauptperson der Geschichte zu sprechen. Und das führt uns direkt zu dem *Spiel mit den Zauberschachteln* ... Fertig? Los!

Am Beginn jeder Erzählung (oder jedes Romans, Märchens etc.) stellt der Schriftsteller zwei schöne Schachteln vor sich auf den Schreibtisch. Eine ist blau, die andere rot. Noch sind sie leer.

Jetzt entscheidet der Schreiber, wer in der Geschichte der »Gute« sein wird, und tut ihn in die blaue Schachtel, während der »Böse« in die rote Schachtel hineinkommt. Der »Gute« wird Protagonist genannt, der »Böse« heißt Antagonist.

 Ein Wörterbuch, ein Lehrer oder deine Eltern können dir helfen herauszufinden, was diese beiden Begriffe bedeuten, die aus dem Griechischen kommen. Oft helfen uns solche Fremdwörter beim Verstehen eines Zusammenhangs.

Meistens ist der Protagonist eine gute Person. Er ist es, für den wir Leser uns begeistern sollen. Unser Herz *muss* für ihn schlagen. Aber das passiert nicht aus Zufall. Es genügt nicht, dass du ihm in der Geschichte einen Namen gibst, zum Beispiel »Heinz Töpfer«. Ich als Leser deiner Geschichte begeistere mich nicht für Heinz, nur weil er so heißt! So einfach ist das nicht. Um die Begeisterung für den Protagonisten zu schaffen, zu erreichen, müssen wir noch einen Schritt weiter gehen. Zum Glück ist dies nicht

127

langweilig, im Gegenteil, es ist sogar sehr unterhaltsam.

Es ist unbedingt nötig, den Protagonisten zu *charakterisieren*. Das weißt du ja bereits: *Charakterisieren* bedeutet, *jemandem einen Charakter zu verleihen*, ihn *lebendig* zu gestalten. Das kannst du mit einer Beschreibung des Protagonisten tun oder durch ein Gespräch, das er führt, oder auch durch ein Gespräch, das andere über ihn führen. Wie man ihn kennenlernt, ist dem Schriftsteller freigestellt. Es geht hier darum, ihm in der Erzählung einen Platz zu geben, ihn dem Leser vorzustellen. Einige wenige Zeilen können bereits ausreichen, manchmal sind es auch viele Seiten. Wie viele, hängt auch von der Geschichte ab und von der Art und Weise, in der sie geschrieben ist. In einer Kurzgeschichte genügen wenige Sätze, in »Harry Potter« sind es nicht nur viele Seiten, es sind ganze Kapitel, die ihn beschreiben.

 Nützliche Regeln zum Erfinden von Protagonisten:

- Der Protagonist sollte nie *zu perfekt* und schon gar nicht als *unbesiegbar* dargestellt werden. Dadurch würde er dem Leser nicht sehr sympathisch werden, sondern riskieren, als Besserwisser oder als störender Superheld zu erscheinen. Außerdem verleiht eine zu große Perfektion der Hauptfigur deiner Geschichte fast immer den Nachteil, dass sie unglaubwürdig wird, dass der Leser ihr (und damit dir) nicht glaubt, sich nicht in sie hineinversetzen kann.

- Ein gut charakterisierter Protagonist ist oft eine schwache Person, menschlich, unsicher (oder wenigstens ist er sich seiner wirklichen Kräfte nicht bewusst). Er hat die gleichen Ängste und Zweifel wie wir (sonst würden wir ihn nicht verstehen, könnten uns nicht in ihn hineinversetzen).
- Oft befindet er sich mitten in einer schwierigen oder geradezu aussichtslosen Situation. Er weiß nicht, was oder wie er es anstellen soll, um da herauszukommen (und da wir ihn nur zu gut verstehen können, fühlen wir mit ihm).
- Er kann traurig sein oder etwas verloren haben.

Klar? Ich denke schon. Es ist sehr wichtig, diesen Regeln zu folgen. Zur Sicherheit können wir ein Denkspiel zu diesem Thema erfinden: Millionen von jungen Lesern mögen Harry Potter. Das liegt auch daran, dass der Protagonist perfekt charakterisiert ist, denn sonst hätte er nicht diesen Welterfolg gehabt!

Zähle auf, was die Leserinnen und Leser des ersten Buches (oder die Zuschauer des ersten Films) über ihn erfahren: Wer ist er, woher kommt er, wo sind seine Eltern, bei wem lebt er, was kann er tun, als er plötzlich herausfindet, dass er ein Zauberer ist, usw. (Wenn du kein Buch von Harry Potter gelesen hast, kannst du ein anderes berühmtes Buch als Beispiel heranziehen.)

Im ersten Buch erfährt der Leser sofort am Anfang, dass der arme Harry in einer wirklich scheußlichen Lage steckt: Seine Eltern sind tot, er lebt bei ekelhaften Verwandten, die ihn schlecht behandeln, er weiß gar nicht, wer er in Wirklichkeit ist und was er kann!

Das ist einer der Gründe, warum er den Lesern so gut gefällt. Mit diesem Anfang hat die Schriftstellerin zuerst eine Sympathie für Harry und dank der Beschreibung seines Lebens eine geradezu perfekte Charakterisierung erreicht. Es ist fast unmöglich, sich nicht in ihn hineinzuversetzen! So sind alle schon nach den ersten Seiten Fans von Harry. Aber es gibt noch eine andere Frage, die sich aufdrängt:

 Was glaubst du: Wäre Harry Potter schon zu Beginn ein tüchtiger Zauberer gewesen, hätte dann die Geschichte genauso interessant, schön und lang werden können? Wenn nicht, warum?

Überlege gut, denn es hat mit dem ersten Punkt der Regeln zu tun, die du zuvor gelesen hast!

 Nimm irgendeinen Roman, der dir zufällig in die Hände fällt.

Lies den Anfang laut (das kannst du mit deinen Eltern oder mit deinem besten Freund machen), und dann entdeckt ihr gemeinsam, *wie* der Protagonist charakterisiert wird. (Manchmal fängt ein Buch mit einer Beschreibung der Landschaft oder des Ortes an. Wenn es so ist, lies weiter bis zu der Stelle, wo der Protagonist erscheint, und beginne die Übung von da aus.)

Außerdem wirst du merken, wie anders es ist, etwas laut zu lesen, als wenn man es einfach nur für sich selbst liest! Du kannst auch die gesammelten Anfänge von deinem Besuch in der Bücherei wieder herausnehmen und sie noch mal lesen.

Im Lichte dessen, was du jetzt über die harte Arbeit des Schriftstellers herausgefunden hast, wirst du Einiges viel besser verstehen. Im vorherigen Kapitel haben wir ja bereits einige berühmte Anfänge von Büchern der Kinderliteratur gesehen.

Aber genug der Übungen.

Ich weiß, ich weiß, du möchtest lieber ein Beispiel lesen.

Kein Problem.

Hier kommt es:

Der kleine Peter stand nahe am Fenster, die Nase gegen die kalte Scheibe gepresst. Er stand ganz still und schaute hinaus. Sein ernstes Gesicht spiegelte sich milchig im Fensterglas. Unten liefen nur wenige Passanten vorbei, alle mit einem Schirm in der Hand und den Kopf gegen den eisigen Wind nach vorne gebeugt. Auf der Straße fuhren Autos. Die Lichter flimmerten im Sprühregen, und ihre Reifen ließen dunkle Abdrücke auf dem Asphalt zurück. Immer, wenn jemand unter dem Fenster des kleinen Peter vorüberging, schien er kurz aus seinen Gedanken zu erwachen, stellte sich auf die Zehenspitzen, um besser hinunterschauen zu können. Aber niemand blieb vor der Haustür stehen, alle Leute gingen eilig weiter, wer weiß wohin, um wer weiß wen zu treffen.

Das ist beileibe kein großartiger Anfang, aber ich möchte dir damit nur anhand eines Beispiels zeigen, dass *charakterisieren* auch bedeuten kann, von den Empfindungen des Protagonisten zu sprechen, nicht nur, ihn zu Wort kommen zu lassen. In meiner Passage geschieht nichts Lautes, niemand spricht. Aber wir wissen, dass der kleine Peter alleine ist, und dass er auf jemand wartet, der nicht kommt.

Ich habe Peter charakterisiert, indem ich erzählte, was er tut (sehr wenig) und was er sieht (Regen, Kälte, Wind), und dabei habe ich absichtlich traurige Gefühle hervorgerufen. Dadurch habe ich ihn als traurigen Protagonisten charakterisiert. Das gäbe mir infolge der Erzählung die Möglichkeit, ihn durch eine lustige Begebenheit aus seiner Traurigkeit »erwachen« zu lassen und damit zwischen Vorher und Nachher erzählerische Spannung zu erzeugen.

Ich möchte noch ein anderes, einfacheres Beispiel bringen:

Der kleine Peter fürchtete sich vor allem. Er hatte Angst vor tiefem Wasser, vor Fischen, Heuschrecken, Flugzeugen, Schnupfen. Außerdem hatte er Angst, die Treppe herunterzufallen, dann noch vor Erdbeben, Wirbelstürmen, Blitz und Donner. Manchmal auch, wenn das Telefon klingelte. Man könnte sagen, dass er sogar Angst vor seinem eigenen Schatten hatte. Das kleinste Geräusch erschreckte ihn, er schaute sich ängstlich um, wenn er auf die Straße ging, und bevor er einschlief, rief er seine Mama, die jeden Abend mühsam auf die Knie gehen musste, um unter sein Bett zu schauen, um sicher zu sein, dass dort kein Monster nur darauf wartete, ihn zu Tode zu erschrecken. Wenn man es recht bedenkt, musste sein Leben sehr, sehr anstrengend sein!

Hier habe ich beschrieben – eher schon gewollt übertrieben –, dass er große Angst hat, und dadurch wirkt er auf Anhieb sympathisch. Wer von uns hat als Kind nie gedacht, dass unter seinem Bett …?!

Im Grunde genommen können wir so gut wie jedes Lebewesen als Protagonisten auswählen, ganz nach unserem Geschmack und nach unserer Fantasie: Jungen, Mädchen, Lehrerinnen, alte Leute, Kaminfeger, Taxifahrer, Hunde, Katzen, Mäuse, Quallen, Schmetterlinge, Bäume, Blumen, Besenstiele, Stühle, schmutzige Socken, Steine und sogar das Gebiss vom Opa. Fast alle Substantive (Hauptwörter) aus dem Wörterbuch können Protagonisten einer Geschichte werden!

Das sind ja Tausende und Abertausende! Millionen!

Hilfe! Wie kannst du da richtig auswählen?

Nun, ganz ohne Hilfe geht es nicht. Ein Riesentrick fehlt uns nämlich noch, mit dem wir schnell im Kopf herausfinden, ob unser Protagonist »funktioniert« oder nicht.

Es gibt in den Geschichten nämlich fast immer auch einen **Antagonisten**. Den werden wir jetzt ein bisschen näher untersuchen:

 Nützliche Regeln zum Erfinden von Antagonisten:
• Der Antagonist ist die böse Person oder, wenn es in der Geschichte keine Personen gibt, ganz einfach etwas Böses. Er gehört in die rote Schachtel, auch wenn er nicht will.

- Er ist derjenige, gegen den wir **Abneigung** entwickeln müssen. Auch er will charakterisiert werden: Ganz im Gegensatz zu dem, was wir beim Protagonisten festgestellt haben, wird der Antagonist umso besser funktionieren, je schlechter, unmenschlicher, unbesiegbarer, stärker, reicher, mächtiger er dargestellt ist. (Also gut, nicht *alle* diese Eigenschaften auf einmal, aber mindestens **eine** davon muss er besitzen.) Zuerst jedoch heißt es, ihn zu finden, besser noch, zu erfinden ... Man muss ihn auswählen unter zehntausend möglichen Personen oder Sachen!

Das sind ja viel zu viele Möglichkeiten! Zu viele Worte, zu viel Auswahl für eine junge Schriftstellerin, einen jungen Schriftsteller wie dich?

Zu deinem Glück besteht eine *Beziehung* zwischen dem Protagonisten und dem Antagonisten. Sie müssen etwas besitzen, das sie beide irgendwie verbindet. Sonst wäre es zu schwierig. Aber schauen wir mal, ob du es von alleine entdeckst. Und wie immer hilft uns dabei eine Übung:

 Wenn du z. B. eine Geschichte schreiben wolltest, die als Protagonisten einen Wirsingkohl hat, der in einem Garten in Donaueschingen wächst, und als Antagonisten ein

russisches U-Boot im Nordmeer, schaffst du das?

Versuche, eine Geschichte zu erfinden, die beide verbindet. Fällt dir das leicht?

Ich wette, du hast keinerlei mögliche Verbindung zwischen den beiden gefunden. Nicht einmal einem tüchtiger Schriftsteller mit langem Bart und Brille wäre es gelungen, eine *glaubwürdige* Geschichte mit einem Wirsing und einem U-Boot zu erfinden. Das hat seinen guten Grund. Kannst du dir denken, welcher Grund das sein könnte?

Der Trick der Schriftsteller ist es, einen Protagonisten und einen Antagonisten zu wählen, die irgendwie miteinander verbunden sind. Das Beispiel oben konnte nicht funktionieren, es sei denn in der Hand eines ganz großen Schriftstellers: Der eine hat mit dem anderen nichts zu tun, einer ist ein Gemüse und wächst in Deutschland, der andere ist eine riesige eiserne Maschine, die im Meer schwimmt, und sie können sich nicht einmal durch Zufall treffen, weil der Kohl sich nicht bewegt und das U-Boot beim besten Willen nicht bis in den Schwarzwald fahren kann.

Ich habe vorher gesagt, der Antagonist sei immer böse. Das stimmt meistens, aber es kann auch sein, dass ein ungelenker Freund zum Antagonisten wird, weil er dem Protagonisten immer alles irgendwie kaputt macht oder ihm immer genau das sagt, was er nicht sagen sollte.

In der Literatur oder in den Comics gibt es Beispiele für Protagonisten und Antagonisten, die so gelungen sind, dass sie zusammen in der ganzen Welt berühmt geworden sind. Zu den schönsten Beispielen zähle ich Donald Duck und Onkel Dagobert Duck. Sie sind einfach perfekt ausgedacht!

Überlege dir, warum diese beiden Cartoon-Figuren so weltberühmt geworden sind. Das, was der eine hat, fehlt dem anderen. Stelle kurz eine Liste der Eigenschaften von beiden auf und vergleiche sie dann mit der von Harry Potter.

Ich helfe dir mit dem ersten Punkt: Donald ist arm – Dagobert ist steinreich.

Jetzt bist aber du an der Reihe. Finde selbst Beispiele für Protagonisten und Antagonisten, die in Büchern oder Filmen perfekt zusammengefügt sind.

Achte darauf, dass die einen wie die anderen oft in derselben Geschichte mehrere Freunde oder Helfer haben.

Auch Harry Potter hat viele Freunde, und er kämpft nicht nur gegen einen einzigen Feind, aber der Protagonist im Buch und im Film ist und bleibt er!

In Jutta Richters *Der Hund mit dem gelben Herzen oder die Geschichte vom Gegenteil* geht es um Gott und den Teufel, die mächtigsten und ältesten Protagonisten und Antagonisten der Welt. Mehr Protagonisten und Antagonisten kennst du bestimmt: der kleine Hobbit Bilbo und der Drache Smaug oder Momo und die grauen Herren oder ... Fallen dir noch mehr Protagonisten und Antagonisten ein?

Um für unsere Geschichte einen Protagonisten und einen Antagonisten zu finden, können wir von einem der beiden ausgehen. Es muss absolut nicht nur immer der Protagonist sein.

Wir beschreiben also die erste Figur oder Person, und dann geben wir der Gegenfigur das, was die erste nicht hat oder nicht besitzt oder was sie gern hätte.

Die üblichen Gegensatzpaare sind:

arm – reich
gut – böse
intelligent – dumm
schön – hässlich
sympathisch – unsympathisch
schwach (am Anfang) – stark (am Anfang)
nützlich – unnütz
niedrig – hoch

Diese Liste spricht nur von einem kleinen Teil all der Möglichkeiten, zwischen denen wir beim Erfinden einer Geschichte wählen können. Die Verbindung zwischen Protagonist und Antagonist kann auch feiner sein, spitzfindiger (oder weniger berechenbar). Wenn ich einen Schmetterling als Protagonisten wähle, muss ich zuerst *über seine wichtigsten Eigenschaften nachdenken.*

Also: Er lebt nur kurze Zeit, er schlüpft aus, später kann er fliegen, er ist schön, leicht, verletzlich und ziemlich unberechenbar in seinen Bewegungen.

An diesem Punkt könnten wir einen Antagonisten wählen, der zumindest eine dieser Eigenschaften hätte: Er lebt lange, fliegt nicht, ist hässlich, ist nicht verletzlich, ist berechenbar. Dabei fällt mir sofort eine Schildkröte ein.

Also, wenn ich einen Schmetterling und eine Schildkröte auswähle, habe ich zwei Figuren, die mir genügend *Stoff für eine Geschichte* bieten. Das ist bereits ein guter Ausgangspunkt. Es steht damit nicht fest, dass mir eine schöne Geschichte gelingt, aber wenn ich mir jetzt alle offenen Möglichkeiten gut überlege, könnte es klappen. Bei der Paarung Wirsingkohl und U-Boot war gar nichts möglich! Mir bleiben jedoch Bedenken bei dem Beispiel Schmetterling und Schildkröte: Ich mag **alle** Tiere, auch Schildkröten. Es wäre mir irgendwie unangenehm, eine arme Schildkröte zu einem bösen Tier zu machen.

Also wähle ich entweder andere Hauptfiguren für meine Geschichte, oder ich passe auf, dass die Schildkröte irgendwie zuletzt nicht zu böse erscheint. Das ist möglich. (Schriftstellern ist fast alles möglich!) Ich könnte sie ein bisschen hochmütig oder neunmalklug beschreiben und das Ende dann so ausbauen, dass sie ihren Fehler einsieht und sie und der Schmetterling Freunde werden.

Ich hoffe, diese Gedankengänge, die ich gerade beschrieben habe, sind dir einigermaßen verständlich gewesen. Der Schriftsteller ist es, der auswählen kann, wie gut der Protagonist und wie böse der Antagonist wird. Nicht alle Guten müssen unbedingt gut und tüchtig sein wie Harry Potter und alle Bösen böse wie Voldemort!

Jetzt kommt eine Übung, an der du nicht vorbeikommst, denn endlich geht es darum, mit den zwei Schachteln zu spielen:

 Versuche, deine Eltern zum Spielen zu bringen, sonst geht es auch mit ein paar deiner Freundinnen und Freunde. Am besten seid ihr mindestens zu viert, besser ist es, ihr seid noch mehr. Ihr könnt euch auch in zwei Gruppen aufteilen und zusammenarbeiten.

Das erste Kind/die erste Gruppe sagt ein Wort, das ein Protagonist werden könnte, z. B. »Bleistift«. Und dann müssen von derselben Gruppe mindestens zwei Eigenschaften dieses Protagonisten aufgezählt werden (z. B. »schreibt« und »ist lang und spitz«).

Das zweite Kind/die zweite Gruppe muss jetzt über den Protagonisten nachdenken und einen passenden Antagonisten erfinden, z. B. »Radiergummi«, und dann erklären, warum: »Einer schreibt, der andere radiert aus«, oder »Einer ist hart, der andere weich«. Macht weiter, solange es euch Spaß macht (Bringt euch Kerzen, Brötchen und Getränke mit, es könnte zu einem Spiel werden, das lange dauert!)

Jetzt ist es fast an der Zeit, das Kapitel der Schachteln zu beenden. Etwas fehlt noch, das ich beschreiben muss: die **innere Ordnung**:

a) Am Anfang der Geschichte steht *fast* immer **die blaue Schachtel.** Der Protagonist wird beschrieben: wie er ist, und das geschieht, indem der Schriftsteller dem Leser sagt, was der Protagonist denkt oder wo er ist. Oder was er tut.

b) Jetzt, wenn der Protagonist charakterisiert ist, wird der Schriftsteller die rote Schachtel öffnen. Er widmet sich dem Antagonisten und beschreibt, wie er ist oder was er denkt oder wo er ist. Und vor allem, was er Böses tut (Das ist ja gerade der Grund, warum der arme Kerl in der roten Schachtel gelandet ist).

c) Die innere Ordnung der Geschichte verlangt,

dass man an dieser Stelle zur blauen Schachtel zurückkehrt. Warum? Das ist leicht zu verstehen: Unser braver Protagonist fängt jetzt plötzlich an, Probleme zu bekommen. Der Böse haut ihm auf die Schachtel oder kitzelt ihm die Fußsohlen … kurz und gut: Er belästigt ihn. Wie gut und wohlerzogen eine Hauptfigur auch sein mag, so geht es ihr doch wie allen in dieser Welt: Wenn einer aus seiner roten Schachtel herauskommt und anfängt, dich zu belästigen und dir auf die blaue Schachtel zu hauen, wirst du irgendwann wütend.

So geht es auch unserem Protagonisten. Früher oder später wird er wütend. Er reagiert, weil es ihm nicht mehr gelingt, das zu tun, was er will oder wollte. Und nachdem er eine Weile lang belästigt worden ist, springt endlich (oder auch sofort, wie schnell er reagiert, hängt von seinem Charakter ab) der Protagonist auf, geht zu dem Antagonisten und bietet ihm die Stirn. Daraus entsteht ein Scharmützel. Die Auseinandersetzung geht los. Sie werden handgreiflich. Heulen und Schreien, Hauen und Schlagen, Ohrfeigen und Kratzen, Bein stellen und Kneifen. Was auch immer dem Autor in den Sinn kommt.

Wie die beiden sich in diesem Teil der Erzählung herausfordern, hängt vom Autor ab, d.h. von dir. Der Schlagabtausch kann in einer Geschichte von zwei Kindern sehr wohl aus einem vielleicht nur zwei Zeilen langen Wortwechsel bestehen, in anderen Geschichten kann er eine oder zwei Seiten beanspruchen, während er in manchen Romanen wie »Der Herr der Ringe« über viele Hundert Seiten geht, Tausende von Opfern dahinmäht und bis zum Ende des Buches immer wieder aufflammt.

d) Aber am Ende wird meistens der Held der blauen Schachtel siegen. Er siegt um Haaresbreite, im letzten Moment, oder er siegt glänzend. Wie auch immer, jedenfalls siegt er.

Dem ist nicht ohne Grund so. Damit kommen wir nämlich zum Ende der Geschichte: Der Schluss ist immer dem Protagonisten aus der blauen Schachtel vorbehalten. Der Held, unser Protagonist, hat es geschafft, er hat gesiegt, wird gefeiert und kann von nun an wieder seine verdiente Ruhe genießen. Er kann wieder zurückkehren zu dem, was er am Anfang getan hatte, bevor der Antagonist die Bühne betrat. Denke an den letzten Satz in vielen unserer Märchen: »Und sie lebten glücklich und zufrieden ...«

Diese innere Ordnung wirst du in fast allen Büchern, Märchen und Erzählungen finden. Manchmal, warum auch nicht?, kann ein tüchtiger und erfahrener Schriftsteller sein Spiel mit uns Lesern treiben, uns die Karten auf dem Tisch vertauschen und den aus der roten Schachtel sympathisch und den aus der blauen Schachtel unsympathisch machen. Aber das überlassen wird den tüchtigen und erfahrenen Schriftstellern. Wenn du als angehender

Schriftsteller die oben dargestellte innere Ordnung befolgst, bist du auf der sicheren Seite, dann hast du deine Schäfchen im Trockenen. Du hast alles richtig gemacht. Der Leser wird dir folgen und dich verstehen können, und das, glaube mir, ist schon der halbe Sieg. Halte dich also an die Spielregeln mit den Schachteln. Bevor du dich auf Kompliziertes einlässt, lerne, das Einfache zu beherrschen (was leichter aussieht, als es ist).

 Noch mal, im Ernst! Eigentlich musst du nur zwei Schachteln auf den Schreibtisch stellen, die Personen deiner Erzählung hineintun und dann dieser Ordnung folgen:
1) blau = Protagonist
2) rot = Antagonist
3) blau/rot = die Auseinandersetzung
4) blau = der Schluss
Das war's.

Nein, nicht ganz. Es gibt noch etwas, das ich dir erzählen möchte.

Was in eine Richtung gut läuft, funktioniert oft auch in die entgegengesetzte Richtung. Wenn wir das Spiel mit den Schachteln beim Schreiben anwenden können, warum soll es dann nicht auch beim Verstehen funktionieren, wie Bücher berühmter Schriftsteller geschrieben sind?

Es funktioniert!

144

Nimm ein Buch, das du gelesen hast (wenn du willst, benutze ruhig Harry Potter, aber es geht auch gut mit anderen Büchern), und ordne die Personen in die zugehörigen Schachteln ein. Besprich es mit deinen Eltern, wenn du Zweifel hast beim Einordnen mancher Nebenfiguren. Den Protagonisten und den Antagonisten zu bestimmen, sollte dagegen leicht sein. Beschreibe die wichtigsten Eigenschaften der Personen, was sie tun und warum sie es tun.

Mach es genauso mit Dumbo, dem Elefanten. Meiner Meinung nach ist Dumbo perfekt ausgedacht und geschrieben! Pass auf, wer in der roten Schachtel ist (das sind viele) und wer zusammen mit Dumbo in die blaue kommt. (Die Raben lasst draußen.) Wenn deine Lehrerin bzw. dein Lehrer Zeit und Lust hat, kann sie oder er dir erklären, welche Aufgabe der Chor in der griechischen Tragödie hatte, der das erläuterte, was die anderen Schauspieler auf der Bühne taten.

Jetzt nimm ein paar Märchen und Fabeln, die du kennst, und mache dasselbe Spiel. (Achtung: In einigen Märchen kann der Schluss auch in der roten Schachtel sein, dass es also schlecht ausgeht, wie

z. B. in russischen oder in vielen deutschen Märchen, die die Brüder Grimm gesammelt haben).

Du wirst merken, dass die Regel mit den Schachteln mit fast allen Büchern und mit vielen Märchen perfekt funktioniert. Schwierig wird es manchmal, wenn du die Nebenpersonen einordnen möchtest, denn bei ihnen hat der Autor mehr Freiheiten der Wahl und Ausgestaltung. Oft dienen sie eigentlich nur dazu, den Protagonisten und/oder den Antagonisten besser zu erklären. Aber gehen wir einen Schritt zurück.

Bedenke: Ein Buch, in dem es nur den Protagonisten gibt und sonst niemanden, wäre dürftig und vor allem sehr langweilig. Erst der Unterschied zwischen ihm und dem Antagonisten macht ihn uns sympathisch, lässt unser Herz für ihn schlagen und uns gegen den Antagonisten sein. Die übrigen Personen in der Geschichte sind oft nur dazu da, den Protagonisten sprechen und reagieren zu lassen. Auch in Filmen gibt es viele Nebenrollen, die dazu dienen, den Hauptdarsteller zum Reden und zum Reagieren zu bringen.

Wollen wir den Protagonisten in der Geschichte sprechen lassen, wird es uns leichter fallen, wenn wir eine Person erfinden, die an seiner Seite ist. Dann können wir das Spiel weiterführen, neue Personen erfinden und in die Geschichte bringen, um ihr mehr Farbe zu geben, die Spannung zu erhöhen oder den Leser zum Lachen zu bringen oder auch nur, um den Stoff zu erweitern. Wenn es in meiner Erzählung nur ein gutes Kind gibt, das ein böses Kind trifft, kann sich die Geschichte in einem leeren Zimmer abspielen, in einem Aufzug oder in einer Straßenecke. Wenn der Protagonist dagegen jemand retten soll (ein Mädchen mit roten Haaren z. B.), dann ist es nötig, dieses Mädchen in der Erzählung schon ziemlich an den Anfang zu bringen und zu erklären, dass sie rote Haare hat, sympathisch ist und warum sie gerettet werden muss. Soll der Held stattdessen zwanzig kleinen Kindern das Leben retten, die sich im Wald verirrt haben, muss ich zuerst die zwanzig Kinder vorstellen und von dem Wald erzählen. Ich sollte besser nicht alle zwanzig plärrenden Rotznasen beschreiben, sondern höchstens eine oder zwei von ihnen, auch das nur in wenigen Sätzen. Sie dienen mir dazu, den Helden zum Sprechen zu bringen. Ihn vor sich hin sprechen zu lassen ohne irgendeinen, der ihm zuhört, würde ihn leicht verrückt erscheinen lassen, und so etwas müssen wir vermeiden. Verrücktheit würde eher zu dem Antagonisten passen, der viel Böses tut.

Alles klar?

Gut. Wenn du dieses Kapitel verstanden hast, bist du fast schon Schriftstellerin oder Schriftsteller. Nimm bitte meine Vorschläge als das, was sie in Wahrheit sind, nämlich gut gemeinte und seriöse Vorschläge, keine Gesetze. Nach und nach, wenn man geübter und erfahrener wird, kann man sich von den Regeln zum Verfassen einer Erzählung oder eines Buches etwas stärker befreien. Die Regeln helfen dir am Anfang, vor allem damit du verstehst, dass du in den Geschichten, die du schreibst, einem logischen und geraden Weg folgen kannst. Aber es muss nicht sein. Wenn du z. B. meine Geschichten nimmst, die in diesem Buch sind, wirst du merken, dass nur eine genau dem folgt, was ich gerade in dem Kapitel von den Zauberschachteln erklärt habe. Wenn dir die Geschichten trotzdem gefallen, bedeutet das, dass ich gut genug bin, sie auch ohne Anwendung aller Regeln zu schreiben. Und wenn du eine schöne Geschichte schreibst, ohne die Regeln zu befolgen, dann bedeutet das, dass du auch eine gute Schriftstellerin oder ein guter Schriftsteller geworden bist.

Achtes Kapitel

Von Metaphern, Vergleichen und anderen Tricks für Schriftsteller

Wenn wir wollen, können wir auch sagen, eine schöne Erzählung ist wie eine gute Pizza. Hast du einmal zugesehen, wie man den Teig macht? Man muss Mehl, Öl, Wasser und Hefe vermischen, dann zu einem Klumpen zusammenkneten und ihn anschließend eine ganze Weile lang mit den Händen bearbeiten, ihn auf dem Tisch breitwalzen und wieder zusammenkneten.

Dasselbe muss man mit einer Geschichte oder einer Erzählung machen. Man fügt die Ideen zusammen, die Personen und die Umstände, wie man sie haben will, und dann knetet man die Geschichte (nicht mit den Händen, sondern mit dem Kopf) so lange wie nötig, um die Ideen deutlich zu machen.

Bei der Pizza legt man danach die Zutaten für die Varianten auf den ausgewalzten Teig: Tomaten, Sardellen, Mozzarella, Schinken, Pilze, Paprika, Käse usw. Mit den Zutaten der Erzählung ist es ähnlich. Statt Tomaten und Mozzarella wählt man die Schreibweise (erste Person Singular, dritte Person Singular oder noch etwas anderes), die Zeit (Vergangenheit oder Gegenwart), einen schönen Anfang und einen schönen Schluss (vom Schluss werden wir ganz passend am Ende dieses Buches sprechen).

Wenn das gemacht ist, muss man auf die Pizza noch etwas Salz, Oregano und Öl geben. Nur so wird sie richtig gut schmecken, wenn sie aus dem Backofen kommt. In der Geschichte werden statt Salz, Oregano und Öl Vergleiche, Metaphern und andere Kunstgriffe angewandt. Es ist absolut nicht notwendig, wenn man schreibt, kann aber in bestimmten Momenten angenehm sein.

Was ein Vergleich ist, weißt du sicher. »Schlau wie ein Fuchs« zum Beispiel ist ein Vergleich. Aber was ist eine Metapher? Wie so oft in der Literatur kommt das Wort aus dem Griechischen und bedeutet »anderswo hintragen«. Es ist ein bildlicher Ausdruck, mit dem man die Bezeichnung von einem Gegenstand auf einen anderen, ähnlichen Gegenstand überträgt oder von Gegenständen auf Personen, wie auch immer. Alle Kombinationen sind erlaubt. Nur dass in einer Metapher der erste Gegenstand (oder die erste Person) nicht mehr existiert, sondern dessen

Charakteristik direkt auf den zweiten Gegenstand (oder auf die zweite Person) übertragen wird. So ist zum Beispiel ein »stählerner Arm« eine Metapher, denn wir wissen natürlich, dass ein Arm aus Fleisch und Blut besteht, nicht aus Stahl, aber dank der Metapher erfahren wir, wie stark dieser Arm ist. Wenn wir hingegen sagen: »Sein Arm war hart wie Stahl«, dann ist das ein Vergleich.

Was du zu Beginn des Kapitels in der Beschreibung der Pizza gelesen hast, besteht aus Vergleichen! Wenn ich sage, dass man eine Erzählung wie eine Pizza vorbereitet, dann benutze ich einen Vergleich. Die Pizza hat, wenn man es so sehen will, ähnliche Eigenschaften wie eine Erzählung. Sie muss bestimmte Zutaten enthalten und kräftig bearbeitet werden. Wir wissen alle, dass eine Erzählung keine Pizza ist, aber wenn ich sie so bezeichne, dann kann es den Leser zum Lächeln bringen, oder aber er versteht besser, was ich sagen will. Was ganz lustig ist: Im Italienischen benützt man das Wort »Pizza« als Metapher für etwas Gewöhnliches, ziemlich Langweiliges. Wenn also ein Italiener sagt: »Dieses Buch ist eine Pizza«, dann bin ich als Schriftsteller gar nicht glücklich.

Für den Anfang gibt es einfachere Beispiele für Vergleiche. So benutzen wir z. B. oft Tiere, um Personen zu beschreiben: Er war wie ein Löwe im Käfig. Er schlich wie ein geprügelter Hund aus dem Zimmer.

Noch etwas, bevor wir loslegen: Wenn du ein Mädchen oder eine Frau als Gans bezeichnest bzw. einen Jungen oder einen Mann als Neidhammel, gibst du eine Bewertung über die Person ab, jedoch nicht über die Gans oder den Hammel. Die Gans ist alles andere als dumm und der Hammel alles andere als neidisch, glaube mir!

 Dir sind bestimmt sofort Beispiele für Tiervergleiche eingefallen, mit denen du Menschen treffend beschreiben kannst. Versuche, jeder der folgenden Personen bzw. jedem der folgenden Dinge einen Vergleich zuzuordnen:

Ein wütender Mann ist wie ....

Eine traurige Person ist wie ....

Eine Frau, die häufig laut lacht, ist wie ......

Ein ängstliches Kind ist wie ....

Das Meer ist wie ....

 Welche Vergleiche würdest du für die folgenden Beispiele benutzen?

Er ist stur wie ....

Man braucht Nerven wie ....

Ich werde stumm sein wie ....

Peters Blick war kalt wie ....

Es (er, sie) ist süß wie ....

Hier findest du eine Anzahl von Tieren und Dingen. Versuche, ein Wort zu finden, dass sie in passender Weise beschreibt:

.... sein wie eine Schlange;

.... sein wie ein Chamäleon;

.... sein wie ein Boot auf dem Meer;

.... sein wie ein Wal;

.... sein wie ein Blitz;

.... sein wie ein Dieb in der Nacht;

.... sein wie ein Stein.

Jetzt kannst du für jeden Satz der Übung hier deine eigenen Vergleiche erschaffen. Zum Beispiel könntest du sagen: »Veronika ist wirklich eine Schlange.« Es ist klar, dass die Ärmste sich nicht züngelnd und zischend auf dem Teppich schlängelt, aber du gibst dem Leser damit zu verstehen, dass sie die Eigenschaften einer Schlange hat. Wenn du sagst, Veronika sei eine Gans, dann hast du die Eigenschaften einer schnatternden, aufgeregten Gans auf die Ärmste übertragen.

Metapher bedeutet »Transport« oder »Übertragung«. Wenn du eine Metapher benutzt, kannst du schöne, hässliche oder komische Eigenschaften auf Personen oder Dinge übertragen. Du kannst deine Metaphern frei erfinden. Sehr wichtig ist jedoch, dass der Leser verstehen kann, was du mit deiner Metapher sagen willst, das heißt, die Eigenschaften müssen klar verständlich und logisch sein (Stahl ist hart, die Sonne ist warm und spendet Licht usw.).

Bevor wir die Arbeit mit den Vergleichen und Metaphern beenden, können wir noch eine letzte Übung hinzufügen. Dafür brauchst du irgendeine Zeitschrift oder Tageszeitung. Jetzt bitte ich dich, die Zeitung aufzuschlagen und nach Vergleichen oder nach Metaphern zu suchen. Normalerweise müsstest du in der Werbung schnell Erfolg haben. Wenn du eine gefunden hast, bitte ich dich, kurz aufzuschreiben, wie die Botschaft aufgebaut ist und warum man das wohl so ausgewählt hat. Wenn es irgendwie geht, lass dir von jemand dabei helfen.

Und natürlich gibt es die schönsten Metaphern und Vergleiche nicht in den Zeitungen, sondern in der Literatur. Denkt daran, wie Hans Christian Andersen in seinem Märchen von der kleinen Seejungfrau das Wasser beschreibt:

Weit draußen im Meer ist das Wasser so blau wie die Blätter der schönsten Kornblume und so klar wie das reinste Glas, aber es ist sehr tief, tiefer als irgendein Ankertau reicht; viele Kirchtürme müssten aufeinandergestellt werden, um von dem Grunde bis über das Wasser hinauszureichen. Dort unten wohnt das Meervolk.

(Hans Christian Andersen: Die kleine Seejungfrau)

In *Großvater und die Wölfe* müssen das Mädchen Ia und Mischa, ihre Hündin, allein den Berg hinuntersteigen. Ia beschreibt das Gefühl, durch den regennassen Schnee zu stapfen, so:

Kein Regen mehr, aber es war, als ginge man in dicker Milch.
  (Per Olov Enquist: Großvater und die Wölfe)

Bei einer Metapher werden Bedeutungen von einem Bereich in einen anderen Bereich übertragen.

Mit welchen Bildern würdest du beispielsweise den Einbruch der Nacht ausdrücken?
  Fällt dir etwas ein?

Jutta Richter ist es in ihrer Geschichte vom *Hund mit dem gelben Herzen* besonders gut gelungen:

Dann kommt die Nacht. Ganz leise kommt sie. Auf Katzenpfoten kommt sie.

  Der weiße Nebel steigt aus den Wiesen, und alles wird ungenau.

  Der Weg, der durch die Kastanienallee führt, verschwimmt, und die Dämmerung legt seltsame Schatten über die Bäume. Gespensterschatten. Riesenfinger.

  (Jutta Richter: Der Hund mit dem gelben Herzen)

155

Im gleichen Buch beschreibt sie auch, wie unterschiedlich verschiedene Apfelsorten schmecken können.

Bestimmt hast auch du schon erlebt, wie unterschiedlich Äpfel schmecken können.

Versuche, die folgenden drei Sätze jeweils unterschiedlich zu vervollständigen:

Ein Apfel, der schmeckt wie ....
Ein Apfel, der schmeckt wie ....
Ein Apfel, der schmeckt wie ....

Hier siehst du, was der Schriftstellerin Jutta Richter dazu eingefallen ist:

Die Paradiesäpfel, wie G. Ott die Tomaten nannte, die Paradiesäpfel schmeckten nach Abendsonne: rot und warm.

Und die richtigen Äpfel erst! Mindestens achtzig, was sag ich, hundert verschiedene Apfelsorten reiften an seinen Bäumen, und jede Sorte schmeckte anders.

Es gab Äpfel, die schmeckten nach Herbstwind, würzig und wild und kalt.

Es gab Äpfel, die schmeckten nach Rosen, zart und mild und warm.

Es gab Äpfel, die schmeckten nach Lachen und Weinen, bitter und süß zugleich.

Es gab die harten sauren Winteräpfel und die weichen süßen Sommeräpfel.

Und obwohl ich schon damals Hähnchenhaut am liebsten aß: Bei G. Ott habe ich nicht eine Sekunde etwas vermisst.

(Jutta Richter: Der Hund mit dem gelben Herzen)

Wunderschön! Aber sprechen wir noch von einem anderen Kunstgriff. Wir wissen nun, wie man schriftstellerische Tricks benutzen kann, wie man auf Ideen kommt und wie man einen schönen Anfang für eine Geschichte erfindet.

Es gibt noch eine andere Methode, um eine Erzählung interessant zu machen. Aus diesem Grund komme ich jetzt auf den inneren Aufbau einer Geschichte zu sprechen.

Was ist das? Nichts anderes als die Ordnung, die du allem gibst, was in deiner Erzählung geschieht.

Nicht immer beginnt eine Erzählung mit dem Anfang und endet mit dem Schluss. Oft ist es so, aber es muss nicht sein.

Manchmal ist es nötig, den Inhalt der Erzählung zu nehmen und ihn in einzelne Blöcke aufzuteilen. Dann baut man sie in einer neuen Anordnung wieder auf, fast als bestände eine Erzählung aus verschiedenen, farbigen Bausteinen, die man beliebig in eine andere Reihenfolge bringen kann.

 Die Hauptbausteine sind in etwa immer dieselben:
- der Anfang (oder die Einleitung)
- die Entwicklung der Handlung
- der Abschluss (oder das Ergebnis).

Es kann auch manchmal vorkommen, dass gleich am Anfang der Erzählung schon der Schluss steht, und du anschließend in der Geschichte erzählst, was vorher alles geschehen war. Was ändert sich? Es ist die innere Ordnung, die sich ändert, die Geschichte bleibt sich wahrscheinlich gleich. Vielleicht ist es manchmal praktischer, oder es passt zum Genre der Erzählung. Die umgekehrte Ordnung finden wir zum Beispiel manchmal in Krimis oder in Filmen. Der Schriftsteller bestimmt die Anordnung seiner Erzählung selbst. Änderungen in dieser Ordnung sind da, um dem Leser verständlich zu machen, was seiner Meinung nach das Wichtigste ist. Oft will er damit einfach nur Spannung beim Leser erzeugen. Manchmal hilft es, eine zu leicht vorhersehbare Geschichte etwas interessanter zu machen.

Das Thema erscheint dir schwierig? Ist es nicht. Du musst nur mit den Ideen spielen, und das kannst du nun besser als am Anfang dieses Buches. Ganz so, wie wir mit einer einzelnen Idee spielen, können wir es auch mit der ganzen Erzählung tun und sie anordnen, wie wir wollen.

In der Geschichte von Sibissibis war der Ausgangspunkt gewesen, dass der Ärmste verklebt war. Dann aber habe ich gedacht, dass es besser wäre, wenn die Schlange sich am Schluss der Erzählung verkleben würde, habe das beschrieben, was davor passiert war, und habe den Klebstoff als Schluss gelassen. Ich habe also nur mit der inneren Ordnung gespielt, ohne etwas auszulassen.

Es gibt weder eine einzige vorbestimmte Ordnung noch eine einzige Regel. Du musst immer an die verschiedenen Möglichkeiten denken, die deine Idee dir eröffnet. Das sind oft sehr viele. Am besten schreibst du sie auf ein Blatt, auch in loser Ordnung, und dann bringst du die Erzählung in die Ordnung, die dir am besten gefällt oder die dir am einfachsten erscheint.

Versuche, dir vorzustellen, du hättest eine Idee für eine Erzählung: Ein Mädchen verlässt die Schule und geht nach Hause. Wir können uns vorstellen, dass ihr unterwegs etwas Seltsames passiert. Instinktiv wirst du als perfekter Schriftsteller dazu neigen, die Erzählung genau in diese Ordnung zu bringen (sie verlässt die Schule, ihr passiert etwas, sie kommt nach Hause).

Wenn du willst, kannst du alles umdrehen: Du beginnst damit, was ihr passiert, erzählst dann, dass sie die Schule verlässt oder dass sie nach Hause kommt. Die dritte Möglichkeit ist, mit der Ankunft zu Hause anzufangen und erst dann zu beschreiben, was davor passiert ist.

Diese innere Ordnung des Schreibens führt uns wieder zur Folgerichtigkeit. Im Fall des Mädchens handelt es sich um die zeitliche Folgerichtigkeit, weil sie die Erzählung in eine zeitliche Ordnung bringt. Es sind etwas schwierige und unangenehme Begriffe, aber wie du siehst, kannst du nicht ohne sie auskommen. Wenn die Folgerichtigkeit nicht gegeben ist, wird die Geschichte dem, der sie liest, nicht klar, und sie wird daher nicht sehr angenehm zu lesen sein. Genau dies ist die wichtige Aufgabe der Folgerichtigkeit: die Erzählung glatt und logisch zu machen. Ich erkläre es besser mit einem weiteren Beispiel: Wenn du über eine Person schreibst, musst du sie normalerweise vorher eingeführt haben (wie du das machst, kannst du ja jetzt von alleine bestimmen). Von da ab kannst du auch Pronomen benutzen, weil der Leser nun weiß, von wem die Rede ist. Schwierig wird es jedoch, wenn du eine Erzählung mit »er« beginnst und dem Protagonisten erst auf der nächsten Seite einen Namen gibst. Hier muss die Charakterisierung zu Hilfe kommen: Wenn du ihm einen Beruf gibst, ein markantes Gesicht oder ein besonderes Kleidungsstück, kannst du ihn lebendig werden lassen.

Ein anderes Beispiel wäre nicht schlecht: Sibissibis lebt auf einem Planeten. Ich habe erklärt, dass er eine Schlange ist und dass er sich so verhält wie alle Schlangen, und dann habe ich erklärt, dass er etwas Besonderes ist, nämlich eine Priesterliche Schlange mit einer wichtigen Aufgabe. So funktioniert es. Wenn ich ihn dagegen in meiner Geschichte hätte weitermachen lassen, ohne dieses Detail genauer zu erklären, hätte die Folgerichtigkeit gefehlt, und das hättest du als aufmerksamer Leser sofort gemerkt. Auch wenn ein Autor eine Welt ganz nach seiner Fantasie erschafft, muss diese Welt doch glaubwürdig sein. Deine Geschichte muss eine innere Logik haben, damit der Leser sie verstehen und nachvollziehen kann. Eben das ist die Folgerichtigkeit.

Aber es gibt noch mehr, was ein Schriftsteller in seinen Worten verstecken kann. Wenn wir Schriftsteller eine Geschichte zu Papier bringen, können wir dabei sehr tief empfundene Gefühle äußern, etwas zur Sprache bringen, was wir wirklich denken, an das wir glauben. Alles in allem bedeutet Schreiben, dass wir uns selbst ausdrücken, unsere Seele, unsere Ängste und unsere Hoffnungen. Wenn du gegen den Krieg bist, kannst du eine Erzählung über die Bösartigkeit der Menschen schreiben, wenn sie in den Krieg ziehen, oder über die Auswirkungen der Waffen, mit denen alte Menschen, Frauen und Kinder getötet werden. Die Wirkung, die du erzielen möchtest, kannst du verstärken, wenn du den Anblick von Gewalt oder Leid mit starken Farben ausmalst, aber du kannst auch darauf abzielen, die Sinnlosigkeit des Krieges deutlich zu machen, indem du dir den Krieg selbst vornimmst oder die Soldaten, und was diese Dummes und Unnützes tun und tun müssen. Dasselbe gilt für Themen wie das Abholzen der Bäume, die Verschmutzung der Meere und der Luft, also auch für Fragen der Umwelt, der Gefühlswelt, der Vorurteile usw.

Kehren wir kurz zurück zur Vorstellung des Bösen: In den Büchern gibt es oft auf der einen Seite gute Menschen und als Gegenspieler mindestens eine richtig böse Person. Wie ich schon gesagt habe, hilft das, die Geschichte interessanter zu machen. Kurz, man verdichtet die Story. Eine lange Erzählung, in der alle tüchtig und vollkommen sind, wäre tatsächlich ziemlich langweilig. Wenn du deine Fantasie spielen lässt, kannst du dir ausdenken, dass die von dir beschriebene Person aus einer ganzen Reihe von Gründen erst böse geworden ist. Die Gründe zu erfinden ist ein Kinderspiel. Und wenn du daraufhin diesen Gründen nachspürst, gibst du der Person Tiefe. Dieses Spiel kannst du auf die Spitze treiben, wenn du viele Erklärungen für die Bösartigkeit einer Person gibst, sodass sie am Ende geradezu sympathisch wird (oder das Ganze umgekehrt).

 Versuche, einen typischen Bösen zu »entschuldigen« (Hexe, Menschenfresser, den schwarzen Mann ...).

Umgekehrt versuche nun, eine gute Person schlechtzumachen (der schöne Prinz, die gute Fee ...).

 Es gibt viele Beispiele von Büchern oder Filmen, die das zum Ausdruck bringen, was wir »Kritik« nennen, Werke, die uns erkennen lassen, wie sinnlos Krieg, Gewalt, Vorurteile oder Rassismus sind. Erinnerst du dich zufällig an ein paar Beispiele von Büchern dieser Art, die dich zum Nachdenken gebracht haben? Wenn ja, dann schreibe die Titel in dein Heft.

Wenn du Lust hast, füge hinzu, was du dank dieser Bücher besser verstanden oder aus diesen Büchern gelernt hast.

Bevor wir dieses Kapitel beenden, kommt noch eine Geschichte. Ich habe sie aus zwei Gründen bis zum Schluss aufbewahrt: Die Form der Erzählung ist ziemlich seltsam, und darüber hinaus habe ich versucht, Gedanken über die Natur und das Verstreichen der Zeit darzustellen, die mir sehr am Herzen liegen. Ich hoffe, die Geschichte gefällt dir!

Hier ist sie.

 *ERINNERE DICH AN AAAA*

Die beiden Figuren standen im blendenden Licht. Helles Weiß umgab sie, hüllte sie ein. Milliarden winziger Eis-

*kristalle glitzerten und tanzten im Licht. Es war noch
kalt, wie wenn man an einem wunderbaren Februarmorgen im Hochgebirge vor das Haus tritt und nichts
als Nebel und Licht sieht, aber man ahnt, dass gleich die
Sonne hervorkommen wird, man fühlt, dass ihre Strahlen gleich den Nebel durchbrechen und die Feuchtigkeit
der Nacht vertreiben werden und dass man dann urplötzlich die Berge auf der anderen Seite des Tals vor
sich sehen kann.*

*Die beiden hielten sich bei der Hand, während sie re-
gungslos dastanden und in das Weiß vor ihnen starrten.*

*Der auf der rechten Seite wandte sich dem anderen
zu. »Ah, da bist du ja«, sagte er. »Du bist Idim.« Er nickte
zufrieden und drückte dem anderen die Hand mit ruhiger, warmer Gebärde. »Ich freue mich sehr, dass du
gekommen bist.« Er war größer als sein Gefährte, und
während er sprach, sah er ihn lächelnd an.*

*Der andere erwiderte das Lächeln nicht; er stand nur
da und musterte ihn, als wolle er in seinen Augen lesen.
In seinem Gesicht waren weder Zorn noch Furcht zu
lesen, höchstens ein Ausdruck der Verwirrung. Aber allmählich verschwand auch der aus seinen Zügen. So
blieben beide ein paar Minuten stehen, sahen sich in
die Augen, dann wandten sie sich um und blickten nach
vorne.*

*Das Weiß begann, sich langsam aufzulösen. Wirbelnde
Nebelschwaden bewegten sich tanzend in kreisenden
Spiralen. Die ersten Sonnenstrahlen blitzten kurz auf,*

aber noch wärmten sie nicht. Da und dort konnte man flüchtig eine verschneite Landschaft erkennen.

»Es ist soweit, Idim«, sagte der Größere. Er drückte seinem Gefährten wieder die Hand und fügte hinzu: »Wir müssen aufbrechen.«

»Wohin gehen wir, Idil?«, fragte sein Gefährte.

»Ich möchte dir von AAAA erzählen.«

Der kleine Idim nickte. Er machte ein ernstes Gesicht. »Ich werde gut aufpassen«, versprach er.

»Das weiß ich«, sagte Idil lächelnd. »Komm, gehen wir.«

Sie begannen, sich zu bewegen. Seltsam, dachte der kleine Idim, wir bewegen uns, aber meine Beine bleiben ruhig! Der Schnee auf dem Feld war vor Kurzem erst gefallen, sie berührten ihn jedoch nicht mit ihren Füßen. Sie schwebten einige Meter darüber. Idim spürte die frische Morgenluft auf seinem Gesicht. Plötzlich wurde ihm bewusst, dass der Nebel über der Landschaft verschwunden war. Die Welt schillerte in fantastischem Licht, die Sonne ließ die Schneekristalle glitzern wie Millionen winziger Diamanten. Jeder einzelne Baum, jeder Spalt in den hohen Bergen zu beiden Seiten des Tals und selbst das weißblaue Wasser des Flusses, alles war mit einem Male so klar, dass Idim den Eindruck hatte, er könne alles mit der Hand berühren, indem er sie einfach ausstreckte, ohne sich von der Stelle bewegen zu müssen.

»Schau«, sagte Idil, »so ist der Winter.« Er beschrieb eine große Geste mit der freien Hand. »Die Natur hat uns den Winter zum Ausruhen geschenkt.«

Idim sah ihn fragend an. »Ausruhen?«, gab er leise zurück.

»Der Winter ist zum Ausruhen gemacht. Alle Lebewesen ruhen sich aus, vom winzigen Moos auf den Steinen bis zu den Bäumen, von den kleinen Tieren bis hin zu uns, alle müssen wir neue Kräfte sammeln. Zuvor hatten wir uns ermüdet beim Ansammeln unserer Energien, beim Horten von Nahrung, und nun haben wir endlich die Möglichkeit, wieder Atem zu holen. Im Winter können wir nichts anderes tun, als uns ernähren, schlafen, überleben und, natürlich, nachdenken.«

»Nachdenken?«, fragte Idim.

»Wir haben im Winter Zeit, darüber nachzudenken, wie wir sind und was in uns ist«, erklärte der andere. »Angelegenheiten, auf die wir im Rest des Jahres oft nicht achten konnten, die jedoch äußerst wichtig für uns sind. Wenn es den langen Winter nicht gäbe, hätten wir diese Dinge schon seit vielen Generationen vergessen.«

»Seit wie vielen Generationen gibt es uns denn?«, fragte Idim. Die Frage schien ihn sehr zu interessieren.

Idil lachte amüsiert. Einen Augenblick lang stockte ihr langsames Schweben über das Tal hin, sie wurden in der Luft hin- und hergeworfen, dann aber bewegten sie sich weiter wie zuvor. Sie kamen an einer Gruppe von Lärchen vorbei, deren Zweige sich unter dem Schnee

166

bogen. Zwei Eichhörnchen jagten sich und brachten glitzernde Schneekaskaden ins Rutschen. Ihre raschen Pfoten erzeugten helle Geräusche auf der Baumrinde.

»Uns interessiert nicht die Anzahl der Generationen«, sagte Idil. »Wir könnten eine genaue Berechnung machen, dabei einfach von deinem Namen ausgehen, aber das hätte keinen Sinn.«

»Warum?«

»Weil es nur wichtig ist, dass wir da sind und dass AAAA der Erste von uns war. Er ist es, der unser Erinnern eingeführt hat. Es ist nicht wichtig, wie viele von uns nach ihm oder vor uns gelebt haben.«

»Dann bin auch ich nicht wichtig?«

»Natürlich bist du wichtig, Idim«, antwortete der andere und drückte ihm die Hand. »Aber als Rasse, als Gesamtheit von Lebewesen sind wir wichtiger als der Einzelne. Die Idils, die Idims, wer vor uns existierte oder wer nach dir kommen wird, nützen nicht mehr und nicht weniger als die zwei Eichhörnchen auf den Lärchen. Sogar sie wissen es, auch sie haben die Erinnerung. Nur handelt es sich bei ihnen um ein anderes Erinnern als bei uns, aber das will nicht heißen, dass es deshalb weniger wichtig als unseres ist.«

»Ich glaube, ich habe verstunden«, sagte Idim und betrachtete dabei die Eichhörnchen, die behände von einem Baum zum anderen sprangen.

»Das freut mich.« Idil nickte zufrieden. Sie bewegten sich weiter durch die frische Luft, die sanft ihre Haut umfächelte. Es begann schnell, wärmer zu werden.

Idil zeigte auf die Berge jenseits des Tals.

»Dann kommt endlich der Frühling. Sieh mal, dort ist der Schnee schon geschmolzen, und man merkt es deutlich, die Sonne wird stärker.«

»Du hast recht«, rief Idim und riss die Augen auf. »Ich hatte es gar nicht bemerkt!«

Tatsächlich, der Schnee hatte sich von der Nordseite der Berggipfel zurückgezogen, während jede Pflanze, jeder Baum, jede kleinste Fläche nackter Erde im Tal begann, sich mit üppigen, wunderbaren Grüntönen zu färben. Es war, als kleide die Natur die Welt grün ein, zuerst in hellen Tönen, dann immer voller und dunkler. All das geschah vor ihren Augen.

»Der Frühling ist eine Zeit des Zaubers und des Staunens im Leben.« Idil lächelte, während er sich umblickte.

»Die ganze Welt erwacht aus dem Winterschlaf. Das Leben hat im Kampf gegen den Tod des Winters gesiegt. Jedes Geschöpf wird neu geboren, Luft und Erde vibrieren, überall ist Kraft. Wenn du darauf achtest, fühlst du nicht auch eine neue Kraft in dir erwachen?«

»Ja, das ist wahr!«, rief Idim aufgeregt. Er empfand es ganz klar. Es war ein wunderbares Gefühl.

Idil beugte sich herunter und gab ihm einen Kuss auf die Stirn. Seit sie zusammen waren, fühlte Idim sich durchdrungen von unglaublichem Wohlbehagen und Glück.

Dann löste Idil seine Hand, versetzte Idim einen leichten Stups gegen die Stirn. »Du wirst sehen, alles wird gut werden«, sagte er und räusperte sich, weil seine Stimme auf einmal rau geworden war.

»Ich glaube dir«, sagte Idim. Aus irgendeinem unerklärlichen Grund zitterte er innerlich. Er blickte sich um, brauchte aber einen Moment, bevor es ihm gelang, zu erfassen, was seine Augen gerade sahen.

Sie sanken sanft durch die Luft hinab, bis ihre Füße die frisch gepflügte Erde berührten. Idil hielt plötzlich ein Stoffsäckchen in der Hand, das Idim vorher nicht bemerkt hatte. Er griff mit der Hand in das Säckchen, zog sie wieder heraus und streute in einer schnurgeraden, perfekten Reihe winzige Samenkörner auf die satte schwarze Erde. Die Körnchen funkelten im Sonnenlicht wie kleine Sterne am Nachthimmel. Während Idil und Idim sich vorwärtsbewegten, verschwanden die Sterne unter die Erde, einer nach dem anderen, ohne dass Idil etwas dazu hätte tun müssen.

»Der Frühling ist nicht nur eine Periode der Arbeit; es ist auch die Zeit der Vorbereitung«, erklärte Idil. »Was du im Frühling säst, kannst du im Sommer oder im Herbst ernten. Du wirst es zum Essen brauchen, aber es soll dir vor allem dazu dienen, im nächsten Winter nicht vor Hunger zu sterben: Du musst immer genügend Samen aus der Ernte des Vorjahres zurückbehalten. Das ist eine unserer Grundregeln, Idim.« Er hatte den letzten Samen aus dem Säckchen auf die Erde fallen lassen, seine Hand war wieder leer. Beide schwebten wieder ein wenig in die Höhe.

Idim nickte. Mit wachem Interesse betrachtete er die Felder, Wiesen und Bäume unter ihnen. Sie standen alle in Blüte. Insekten summten aufgeregt. Die Vögel zwitscherten.

»Wie viele Blumen es hier gibt!«, sagte er ungläubig.

Idil lächelte. »Die Pflanzen sind wie wir, sie bereiten sich bereits auf den nächsten Winter vor. Jetzt wachsen sie, entfalten ihre Blüten, die von den Insekten befruchtet werden, um dann zu Samen zu werden, die sich im nächsten Frühling öffnen.«

»Ich glaube, ich habe auch das verstanden«, sagte Idim ernst.

Er wandte sich zurück und sah, dass aus der schwarzen Erde, über die sie eben geschwebt waren, üppige grüne Pflanzen sprossen und dabei eine lange Reihe bildeten. Sie wuchsen in die Höhe, suchten aneinander Halt, und ihre jungen Spitzen folgten begierig der Sonne auf ihrem Himmelsweg.

»Daran hatte ich keinen Zweifel«, sagte Idil und nickte zufrieden. »Für uns ist das Verstehen wichtig, nicht das Lernen. Nur wer nicht versteht, ist gezwungen zu lernen. Auch die geringste Lebensform muss verstanden haben, um überleben zu können. Selbst die kleinen Pflanzen, die nur ein Jahr lang leben werden, kennen das Erinnern. Ohne dies gäbe es kein Leben mehr. Sie hätten nicht genug Zeit zum Lernen.«

Es war in der Zwischenzeit sehr warm geworden. Die Sonne stand genau über ihren Köpfen, Bienen schwirrten, die Luft flirrte und ließ die klaren Umrisse der fernen Berge vor Idims Augen tanzen.

Er sah einen Vogel im Fluss untertauchen, mit einem Fisch im Schnabel wieder herauskommen und in sein nahes Nest fliegen. Dort reckten sich ihm viele Köpfchen mit aufgerissenen Schnäbeln entgegen, und Idim beobachtete den Vogel beim Füttern seiner Jungen, die gierig fraßen.

Es schien, als habe Idil seine Gedanken verstanden. »Nein«, sagte er, »wir essen kein Fleisch. Uns reichen zum Leben grüne Pflanzen, Beeren und Gemüse. Wir müssen nicht auf die Jagd gehen, das ist gar nicht nötig für unser Überleben. Das würde außerdem das Gleichgewicht des gesamten Planeten in Gefahr bringen.«

Idim schaute ihn an. Einen kurzen Moment lang hatte er den Eindruck, Idil sei kleiner geworden, aber wahrscheinlich lag es nur daran, dass dieser etwas tiefer flog als er. Sie näherten sich gerade dem Acker am Fluss, wo sie zuvor gesät hatten. Sie mussten also in der Zwischenzeit eine große Runde über das ganze Tal gedreht haben. Die Pflanzen standen jetzt hoch und wuchsen nicht mehr. Ihre Fruchtkapseln waren voll und glänzten.

Idil begann, die kleinen Samenkerne in einen Sack zu füllen. Wie es ihm gelang, die Kapseln zu öffnen, den Sack zu halten und die Kerne mit nur einer Hand hinein-

zufüllen, das konnte sich Idim nicht erklären. Aber es war nicht so wichtig zu lernen, wie Idil das machte. Wichtiger war zu verstehen, was er tat, und Idim verstand es.

»Ich werde einen Teil der Ernte für die nächste Aussaat behalten«, sagte Idil und machte den Sack zu, der alsdann wie im Nichts verschwand.

Sie brachen wieder auf. Aus dem gleißenden Sonnenlicht erreichten sie den Schatten hoher Bäume neben dem Fluss, und die warme Luft trocknete den Schweiß auf Idims Stirn. Idil fuhr fort, mit ihm zu sprechen: »Der Herbst bricht schon herein. Es ist eine sehr schöne Zeit, denn man beschäftigt sich damit, Brot zu backen und die letzten Gaben der Natur zu sammeln, darunter auch diese.« Er verweilte neben einer Pflanze mit großen bläulichen Beeren; er pflückte vorsichtig eine Beere ab und reichte sie Idim.

»Probier mal«, sagte er ermunternd.

Die Frucht war süß und herb zugleich, frisch und saftig.

»Schmeckt wunderbar«, sagte Idim erstaunt.

»Wenn du genug davon sammelst, kannst du ein Getränk daraus machen. Es genügt, den Saft der Früchte zu pressen und dann nur abzuwarten.« Während er das erklärte, drückte er schon die Beeren durch ein Sieb aus. »Der Saft gärt ganz von alleine. Dann verschließt du ihn in Behältern, damit er bis zum nächsten Frühling ausreifen kann. Du darfst aber nie zu viel davon trin-

ken.« Und als er das sagte, hatte er schon ein großes hölzernes Fass mit dem Fruchtsaft gefüllt, der nun zu wallen und zu schäumen begann. Er besaß einen starken Geruch. Nach wenigen Augenblicken beruhigte sich der Most, und schon reichte Idil Idim einen Becher mit einer rubinroten Flüssigkeit. »Versuche«, sagte er. »Dieses Jahr scheint er bestens geraten!«

Idim probierte. Der Saft schmeckte stark nach Erde und Früchten, nach Blüten und sogar ein bisschen nach Stroh. Idim nickte verwundert und gab Idil den Becher zurück, der ihn langsam mit geschlossenen Augen leerte und den Geschmack sichtlich genoss. Als er die Augen wieder öffnete, hielt er ein großes, rundes Stück aus einer grauen, dunklen Masse mit einer noch dunkleren Kruste in der Hand. Er schnitt mit einem Messer eine dicke Scheibe davon ab und reichte sie Idil. »Probiere auch das«, sagte er. »Davon habe ich dir vorher erzählt. Es nennt sich Brot und ist aus Korn gemacht, das auf den Feldern am Ende des Sommers geerntet wird.«

Sie aßen und schwiegen eine Weile, bevor sie sich weiterbewegten. Diesmal steuerten sie einen Wald mit großen Bäumen an, jenseits des Flusses. Idil sagte: »Der Herbst schenkt uns die letzten Früchte des Jahres, die bis zum Frühling halten werden.« Er zeigte auf einen Baum. »Hier finden wir Nüsse und Eicheln. Man kann sie essen, aber auch Öl und Mehl daraus machen. Und vergessen wir nicht«, er zeigte auf ein seltsames dickliches

Gewächs mit einem lustigen breiten Hut, das neben den Wurzeln der Bäume wuchs. »Pilze schmecken ausgezeichnet«, sagte er, »rieche nur, was für ein Duft!« Er streckte Idim den Pilz hin, der erstaunt schnupperte. »Sie wachsen außerdem jedes Jahr an demselben Platz.«

Die Luft war jetzt deutlich frischer geworden, und die Sonne hatte ihren Lauf geändert. Sie stand viel tiefer am Himmel, kaum noch über den Bergen, wo bereits der erste Schnee gefallen war. Das Fell der Tiere schien dichter und heller geworden zu sein, und die Bäume hatten ihre ersten Blätter verloren.

»Mit dem Winter kehrt die Zeit der Ruhe zurück«, sagte Idil. Sie ließen sich auf einen kleinen Hügel oberhalb des Flusses hinabsinken. Der Schnee bedeckte die Landschaft mit einem dichten weißen Mantel, auf dem Spuren von wilden Tieren zu sehen waren. Langsam hob sich der Abendnebel, stieg in dichten Spiralen vom Fluss auf und verdeckte nach und nach den Blick auf die Berge. »Ich bin froh, dass ich dich kennengelernt habe«, sagte Idil. Er hatte sich umgedreht. Nun schaute er Idim mit einer sanften und zugleich ernsten Miene an. »Ich weiß, du hast alles verstanden, und du wirst dich an AAAA erinnern.«

Idil schien jetzt deutlich kleiner zu sein als eben noch. Idim fühlte einen Kloß im Hals, auch wenn er sich nicht erklären konnte, warum. Er nickte nur und sah Idil in die Augen. Er spürte sein Herz stark in seiner Brust schlagen. Er war durchdrungen von einem Gefühl der Kraft, wie er sie nie zuvor gespürt hatte.

»Ja«, sagte er endlich. »Ich werde mich an AAAA erinnern.« Und jetzt war er es, der seinem Gefährten die Hand drückte.

Die beiden Figuren standen im blendenden Licht. Helles Weiß umgab sie, hüllte sie ein. Milliarden winziger Eiskristalle glitzerten und tanzten im Licht. Es war noch kalt, wie wenn man an einem wunderbaren Februarmorgen im Hochgebirge vor das Haus tritt und nichts als Nebel und Licht sieht, aber man ahnt, dass gleich die Sonne hervorkommen wird, man fühlt, dass ihre Strahlen gleich den Nebel durchbrechen und die Feuchtigkeit der Nacht vertreiben werden und dass man dann urplötzlich die Berge auf der anderen Seite des Tals vor sich sehen kann.

Die beiden hielten sich bei der Hand, während sie regungslos dastanden und in das Weiß vor ihnen starrten.

Der auf der rechten Seite wandte sich dem anderen zu. »Ah, da bist du ja«, sagte er. »Du bist Idin.« Er nickte zufrieden und drückte den anderen die Hand mit ruhiger, warmer Gebärde. »Ich freue mich sehr, dass du gekommen bist.« Er war größer als sein Gefährte, und während er sprach, sah er ihn lächelnd an.

Der andere erwiderte das Lächeln nicht; er stand nur da und musterte ihn, als wolle er in seinen Augen lesen. In seinem Gesicht war weder Zorn noch Furcht zu lesen, höchstens ein Ausdruck der Verwirrung. Aber allmählich *verschwand auch der aus seinen Zügen. So blieben beide ein paar Minuten stehen, sahen sich in die Augen, dann wandten sie sich um und blickten nach vorne.*

Das Weiß begann, sich langsam aufzulösen. Wirbelnde Nebelschwaden bewegten sich tanzend in kreisenden Spiralen. Die ersten Sonnenstrahlen blitzten kurz auf, aber noch wärmten sie nicht. Da und dort konnte man flüchtig eine verschneite Landschaft erkennen.

»Es ist so weit, Idin«, sagte der Größere. Er drückte seinem Gefährten wieder die Hand und fügte hinzu: »Wir müssen aufbrechen.«

»Wohin gehen wir, Idim?«, fragte sein Gefährte.

»Ich möchte dir von AAAA erzählen.«

Der kleine Idin nickte. Er machte ein ernstes Gesicht. »Ich werde gut aufpassen«, versprach er.

»Das weiß ich,« sagte Idim lächelnd. »Komm, gehen wir.«

Du hast sicher gemerkt, dass die Form dieser Erzählung anders ist als üblich. Wegen ihrer besonderen Form nennt man sie auch »ringförmig«, weil sie in sich selbst geschlossen ist und am Ende wieder von vorne beginnt. Könnte sie, wenn man es so wollte, unendlich lange weitergehen? Vielleicht nicht, weil es *eine* Änderung gibt, jedes Mal, wenn sie von Neuem beginnt. Welche es ist, wirst du bestimmt sofort entdeckt haben!

Wer ist Idil in seiner Beziehung zu Idim?

Wer ist Idin?

Das hier ist schwierig: Könnte man ausrechnen, wie viele Generationen es seit AAAA gegeben hat? Wie müsste man vorgehen, um es auszurechnen?

Ist der Planet von AAAA unserem irgendwie ähnlich, oder hat er nichts mit unserer Erde zu tun?

Worin ist der Planet von AAAA unserem gar nicht ähnlich?

Idil erklärt seinem Sohn Idim den Kreislauf des Lebens. Machen dein Vater oder deine Mutter auch so etwas mit dir? Und wenn ja, wie geschieht es? Nur in Worten? Denk ganz gut darüber nach, denn die Frage ist nicht einfach.

Gibt es etwas, das dir an Idils und Idims Art zu leben, sehr gefällt? Etwas, das wir Menschen auf der Erde ganz anders angehen? Falls ja, was?

Wie du in dieser letzten Geschichte gesehen hast, kann man einem sehr schönen und »tiefen« Gedanken auch in einer einfachen Geschichte Ausdruck geben. Ich habe zu erklären versucht, was ich denke, nämlich dass wir alle wichtig und »einzigartig« sind, aber dass wir ohne unsere Eltern, Großeltern, Urgroßeltern und ihre Vorfahren »niemand« wären, weil wir von ihnen lernen und wir unsererseits dann das, was wir gelernt haben, an unsere Kinder weitergeben müssen.

Es gibt noch einen letzten Kunstgriff, mit unseren Geschichten zu spielen. Das ist eine Methode, die nur funktioniert, wenn wir schon ziemlich tüchtige Schriftsteller geworden sind, weil es nämlich darum geht, mehrere Geschichten zusammenzufügen.

Manchmal scheint es zwischen zwei Geschichten keinen Zusammenhang zu geben, bis wir dann plötzlich an eine Einzelheit denken, die beide trotzdem verbindet. Das ist seltsam, aber wahr. Es kommt nicht oft vor, aber es ist immer eine gute Technik, wenn man sich beim Schreiben alle Türen offen lässt. So auch die, zwei Geschichten miteinander zu verbinden. Manchmal muss man dafür gar nicht viel umschreiben.

Ich kann dir diese Schreibtechnik am besten zeigen, indem ich eine neue Geschichte vorführe, in der ich sie zu meinem Vorteil verwendet habe. Du erinnerst dich bestimmt an Sibissibis. Es schien ein schlechtes Ende zu nehmen mit dem Ärmsten, der am Schluss unbeholfen durch den Saharasand hopsen musste. Die Geschichte heißt:

SIBISSIBIS

Zweiter Teil

Ernie wusste alles über Metalle. Ernie kannte nicht nur die Härte eines Metalls, seine Zusammensetzung, die Reinheit und den Geruch, er kannte sogar seinen Geschmack. Man sagte, er sei imstande zu erkennen, in welcher Fabrik und in welchem Jahr ein Stück Metall hergestellt worden war. Er machte das einfach, indem er das Stück anschaute, es in seinen ölverschmierten Händen wog und es dabei hin und her wendete. Manchmal kratzte er mit einem der Schraubenzieher, die er immer bei sich trug, daran herum. Zuletzt schloss er die Augen, hielt das Metallstück unter die Nase und schnupperte, wobei er langsam den Geruch einatmete. So blieb er einen Moment stehen, unbeweglich, mit angehaltenem Atem. Dann atmete er langsam aus, öffnete die Augen und sagte Sätze wie: »Pittsburg, Pennsylvania, Eisenindustrie Bernstein, Produktion von 1931« oder »Eisenlegierung aus Harristown, Gießerei Smith, kurz vor der großen Rezession« oder andere völlig verrückte Dinge.

Niemand hätte je im Traum daran gedacht, das nachzuprüfen, was Ernie über die Metallstücke sagte, denn es war unmöglich. Entweder man glaubte ihm, oder man glaubte ihm nicht.

Ab und zu stellte ihm ein Spaßvogel aus der Firma irgendeine Frage über das erstbeste Stück Metall, das er, wer weiß wo, gefunden hatte. Nur so, um etwas zum Lachen zu haben. Andere taten es, um jemand zu beeindrucken, der gerade in der Firma neu angestellt worden war und Ernie nicht kannte. Noch andere wollten sich vor einer hübschen, neuen Sekretärin brüsten. Um dabei Erfolg zu haben, genügte es, ein Stück altes Metall in ein Taschentuch zu wickeln, es einzustecken und einen günstigen Moment abzuwarten. Jeder wusste, dass er Ernie innerhalb der nächsten zwei oder drei Tage begegnen würde.

Ernie zu treffen war in der Tat nicht schwierig. Normalerweise konnte man seine große, magere Gestalt kurz vor acht Uhr morgens in einer Ecke des ehemaligen Werkzeuglagers gebückt stehen sehen. Ernie ging auf der Suche nach Material oft dorthin. Das Lager wurde seit fünfundzwanzig Jahren nicht mehr genutzt, außer zum Wegwerfen alter Sachen. Es war praktisch verrottet und sollte bald abgerissen werden. Es war ein altes Gebäude direkt neben dem Haupteingang der Firma, und die Arbeiter stellten ihre Fahrräder unter dem Vordach ab, wenn es regnete.

Ernie war nett, aber auch etwas seltsam. Er antwortete bereitwillig auf jede Frage. Nie nahm er etwas krumm. Nie wies er jemanden zurück. Diejenigen, die ihn nicht kannten, hörten Ernies Antworten mit dem Gesichtsausdruck von Leuten zu, die nicht wissen, ob man sich über sie lustig macht oder nicht. Wer ihn kannte, gab normalerweise vor, seine Antwort zu schätzen, indem er solche Sätze sagte: »Ja, das dachte ich auch!« oder: »Das hätte ich nie gedacht!«, und während Ernie noch dastand, mit verzücktem Gesichtsausdruck, das Metall in der Hand, kehrte er ihm den Rücken zu und ging weg. Später im Büro oder in der Kantine erzählten sich immer alle, was Ernie gesagt hatte, und fingen an, sich gemeinsam über ihn lustig zu machen. Wer wusste denn, ob Ernie die Wahrheit gesagt hatte? Wahrscheinlich war er nur ein alter Narr. Man konnte sich gut über ihn amüsieren und hatte ab und zu eine nette Abwechslung.

Außer dem Beantworten von Fragen nach Metallen sprach Ernie nicht. Niemals ging er von sich aus zu anderen, um mit ihnen zu reden. Für die Angestellten und Arbeiter war er eine geheimnisumwobene Person. Ernie mischte sich nicht unter die anderen Arbeiter, nicht einmal zur Essenszeit. Er war ein Einzelgänger. Er tauchte auf und verschwand. Wahrscheinlich aß er in seiner Werkstatt. Manche sagten, er schliefe sogar dort unten. Niemand wusste, welche Arbeit er für die Firma erledigte oder warum sonst Ernie dort unten in seiner Werkstatt war. Überhaupt wusste niemand, ob Ernie noch auf der Gehaltsliste des Industriekonzerns stand. Immerhin war die Produktpalette des Unternehmens mit Einführung der Computer ab der zweiten Hälfte der Achtzigerjahre komplett geändert worden. Jetzt gab es keinen Bedarf mehr für die Herstellung großer Maschinerien, und deshalb hatte man die Werkstätten umgerüstet für die automatische Produktion von Kleinstmotoren und medizinischen Apparaten, die immer mehr durch Mikrochips und Informatik ergänzt wurden. Schon unter diesem Gesichtspunkt gab es für Ernie keinen Grund mehr, im Hause der »G&M« tätig zu sein. Man konnte sich kaum vorstellen, dass eine Firma jemand nur dafür bezahlte, dass er alte Eisenreste aus einem nicht mehr genutzten Lager hervorholte. Man erzählte sich, dass sie ihn vor Jahren in der Verwaltung vergessen hätten, in der Zeit der Umstellung des Unternehmens, und dass er seitdem einen Lohn bekomme, ohne irgendetwas Nützliches für die Firma zu tun. Wer das sagte, hielt es für möglich, dass die Leute in der Verwaltung zu solchen Fehlern fähig wären. Sicher war er kein Angestellter. Nicht einmal ein Arbeiter. Heutzutage gab es nur noch wenige Arbeiter, sie trugen weiße Hemden, und sie sahen wie Ärzte aus, mehr noch als die richtigen Ärzte in einem Krankenhaus.

Ernie war eindeutig zu alt, um noch zu arbeiten. Er hatte die siebzig weit überschritten, auch wenn es schwierig war, sein wahres Alter zu schätzen.

Ernie kannte alle Arten der Verarbeitung von Metall und Stahl. Er musste sein ganzes Leben damit verbracht haben, Metall zu bearbeiten, Jahr für Jahr, mit einem Material, das so hart war und unter seinen Händen doch so geschmeidig wurde. Er konnte Metall schweißen, fräsen, biegen, sägen, bohren, schmieden und sogar gießen. Er formte es wie ein Künstler seine Skulptur. Ihm gefiel das gleißende Licht und der scharfe Geruch beim Schweißen des Metalls, er liebte es, mit der Metallsäge zu schneiden, wenn der leuchtend rote Funkenschweif die Mauersteine rot färbte. Ernie bohrte, schnitt, schmiedete, sägte, trennte, vernietete, schraubte, polierte, scheuerte und ölte in seiner Kellerwerkstatt. Er nahm Maschinen auseinander, setzte sie wieder zusammen, zerlegte alte und verrottete Motoren, die jahrelang nicht in Betrieb gewesen waren, und brachte sie wieder in Gang. In einer dunklen Ecke der Werkstatt gab es noch eine uralte Maschine mit Treibriemen aus Leder. Es musste eine der ersten Maschinen gewesen sein, die gleich nach der Errichtung des Gebäudes am Ende des 19. Jahrhunderts aufgestellt worden war, und sie war als letzte hier geblieben. Sie war riesengroß. Ernie hatte sie auseinandergenommen und wieder in Ordnung gebracht, und jetzt ließ er sie einmal im Monat laufen, um sie in Gang zu halten. Die Maschine machte einen ohrenbetäubenden Lärm, und all die Treibriemen liefen und übertrugen die Drehung mit unterschiedlichen Antriebsgeschwindigkeiten auf die Achswellen, schleppten große leere Plattformen und setzten eiserne Hebel und Räder sowie Förderbänder in Bewegung. Andere Riemen hoben rhythmisch Batterien von Schmiedehämmern, die ins Leere schlugen, da keine Werkstücke vorhanden waren. Ein metallenes Spektakel, höchstens noch ein Kunstgegenstand, aber keine nützliche

Maschine mehr. Ernie liebte sie, wie man eine schöne, launische Frau lieben kann. Es war sein ganzer Stolz, sie in Betrieb zu sehen. Sie produzierte nichts mehr, diese Maschine, aber das war nicht der Punkt. Der Punkt war, dass sie wunderbar funktionierte.

Ernie hatte in seinem Leben dem Metall eine unendliche Menge an Liebe, Begeisterung und Arbeitszeit geschenkt. Dafür hatte das Metall ihm seine Dankbarkeit mit einer unauslöschlichen Gegengabe erwiesen. Ein feiner schwarzer Staub, gemischt mit Fett und Maschinenöl, hatte die Falten und Poren seines Gesichts und seiner Hände durchtränkt, die Fingernägel und den Arbeitsanzug schwarz gefärbt. Ernie war dem Material, das er so sehr liebte, ähnlich geworden.

Und wie alle Leute, die sich einer bestimmten Sache mit einer wahnhaften Liebe hingeben, pflegte er seine Gerätschaften, als wären sie seine Kinder. Wie jeder tüchtige Handwerker wusste Ernie alles über seine Werkzeuge. Er besaß eine beeindruckende Menge Schraubenzieher, Messlehren, Zahnstangen, Trennschleifer, Schmiedehämmer, Schleifsteine, Stanzen, großer und kleiner Sägen, Schweißgeräte, Meißel, Bürsten, Messwinkel, Plattenschneider, Gewindeschneider, Rohrschneider, alter und neuer Bohrer.

Manchmal fragte ihn ein Angestellter zur Abwechslung, und um sich über Ernie lustig zu machen, nach Informationen über ein altes Werkzeug. »Grüß dich, Ernie!«, sagte er und trat ihm entgegen. »Ich möchte dir etwas zeigen!« Und er zog einen alten Schraubenzieher heraus, den er am Tag zuvor aus der Werkzeugkiste seines Großvaters genommen hatte. »Mechanische Werkstätten White&McCloud, 1945 oder 1946«, sagte Ernie, wobei er den Schraubenzieher in seinen schwarzen Händen drehte, wie wenn es sich um einen kostbaren Gegenstand handelte. »Nicht später, denn die Firma White&McCloud hat ab 1947 die Legierung der Spitzen geändert, weil sich diese hier zu leicht verbogen. Sie wurden während der letzten Kriegsjahre gemacht, und die Legierungen waren von schlechter Qualität. Dagegen ist das Holz für den Griff echter Buchsbaum aus Maryland, der beste, den es gibt!« Und er gab den Schraubenzieher zurück, wobei man sah, dass seine Gedanken hinter den Stirnfalten voller Staub und Maschinenöl mit der Zusammensetzung der Legierung beschäftigt waren oder sich mit der Härtung des Stahls beschäftigten, der 1946 in den mechanischen Werkstätten White&McCloud verarbeitet wurde. Seine Augen sahen nicht mehr den Schraubenzieher in seinen Händen und auch nicht die Person, die vor ihm stand. Er hatte sich in die Gießereien am Ende des Krieges zurückversetzt, er sah, wie der Abstich von Stahl rauchend aus den weiß glühenden Schlunden der Öfen floss, er hörte die Stimmen der Männer, schwarze Gestalten vor roten Fluten flüssiger Lava, ihre Gesichter finstere Schatten hinter den schweren Schutzmasken. Ernie war in den betäubenden Lärm der Heizkessel zurückgekehrt, in das Brüllen der Flammen, das

185

Rasseln der Ketten, die in den mechanischen Flaschen-
zügen liefen und riesige Blöcke Eisen hochhoben. Er
hörte das ohrenbetäubende Zischen des rot glühenden
Metalls, das in die Wasserbehälter geworfen wurde, und
überall war Dampf, Rauch, Feuer, Spiegelungen, Funken,
Blitze. Mittendrin bewegten sich die plumpen Gestal-
ten der Männer. Und Ernie war wieder dort, einer von
ihnen.

Ernie war sehr gerne allein. Er arbeitete mit ganzer
Hingabe. Seine Werkstatt im zweiten Untergeschoss im
Westflügel der Firma war ein langer Raum mit Wänden
aus rohen Ziegelsteinen, einem Boden aus gestampfter
Erde und ohne Fenster. Niemand besuchte ihn dort. Alle
hatten Angst, da hinunterzugehen. Man konnte die
Werkstatt nur über ein Labyrinth von engen, unbenutz-
ten Korridoren und schmutzigen Treppen erreichen, die
bestimmt seit zwanzig Jahren nicht mehr sauber ge-
macht worden waren. Ein lärmender, alter Lastenaufzug
diente Ernie dazu, die Stangen und Platten aus Metall
und die alten Motoren und Maschinenteile, die er auf
dem Gelände der Firma und im alten Lager fand, in die
Werkstatt zu transportieren.

Nackte, verstaubte Glühbirnen voller Spinnweben
hingen von der Decke herab und beleuchteten zwei
Reihen von Werkbänken. Auf diesen lagerten jeweils drei
oder vier Maschinenteile in unterschiedlichem Zustand
der Bearbeitung. Manchmal waren es aber auch mehr.
Die Werkbänke waren wohl so alt wie das Gebäude

selbst, mindestens hundert Jahre, sie waren aus Eichen-
holz, sauber und ordentlich gehalten. An der Seite waren
jeweils Schraubzwingen und daneben zwei Reihen von
Öffnungen, in die man Stifte aus Holz oder Metall ein-
setzen konnte, um die zu bearbeitenden Werkstücke mit
der Schraubzwinge festzuspannen. Unter den Bänken
hatte Ernie Bretter an die Eichenfüße genagelt und
damit große Kisten geschaffen, in denen er die Metall-
teile aufbewahren konnte. Die Kisten unter den Bänken
waren alle zum Bersten voll. Jede Kiste enthielt eine
bestimmte Sorte von Dingen: Metallabschnitte und
-stäbe, Profileisen zum Schweißen, Nieten, Nägel, Klem-
men, Schleifscheiben, Locheisen, Schrauben, Muttern,
Feilen und Sägen.

Er war gerade dabei, eine Metallplatte zu schleifen, als
er merkte, dass er nicht mehr alleine in der Werkstatt
war. Eine dunkle Gestalt zwischen den Bankreihen beobachtete ihn.

»Wer ist da?«, fragte er, machte den Motor der
Schleifmaschine aus und nahm seine Brille ab. Sie war
staubig, sodass er nicht gut sehen konnte. Er rieb die
Brille an seinem Arbeitsanzug und setzte sie wieder auf
die Nase, um seinen Besucher sehen zu können.

Ein Mann stand regungslos, die Hände in den Taschen. Er
war um die fünfzig, ziemlich groß und dünn, die Haare
grau meliert. Er trug einen offenen, weißen Kittel über
einer Jacke und eleganten grauen Hosen. Man konnte

verstehen, dass er nicht gerne in einer so schmutzigen Umgebung war.

Mit seinem leicht gelangweilten und überheblichen Gesichtsausdruck hätte er besser in einen Ledersessel in der Halle eines großen Hotels gepasst, oder in einen Golfzirkel, in dem er gelangweilt über Politik diskutierte.

Der Besucher grüßte nicht einmal. »Du hattest gesagt, du wolltest mir etwas zeigen.«

Ernie starrte ihn einen Augenblick lang an, legte die Platte auf die Bank und wischte sich die Hände an einem Lappen ab.

»Ja«, antwortete er und schaute kurz auf seine schmutzigen Hände. Dann warf er den Lappen auf die Bank.

»Ich möchte doch sehr hoffen, dass es sich um etwas Wichtiges handelt«, sagte der andere, ohne sich zu bewegen. »Ich habe es satt, dauernd von dir gerufen zu werden, weil du mir Sachen zeigen willst, mit denen ich nichts anfangen kann.« Er sah Ernie kalt, fast mit Widerwillen an.

»Das letzte Mal sind Sie vor drei Monaten hierher gekommen«, sagte Ernie, aber er sagte es ohne große Überzeugung.

»Worum geht es?«, fragte der andere. Seine kalte Stimme hatte einen gehässigen Ton. »Ich bin in Eile!«

Ernie gab keine Antwort. Er ging an den Bankreihen vorbei in Richtung auf den entferntesten Winkel der Werkstatt.

Der Mann folgte ihm in einem gewissen Abstand. Er hielt sich von den Bänken fern. Wahrscheinlich wollte er sich den Anzug nicht schmutzig machen. Ernie ging um die alte Maschine mit den Treibriemen aus Leder herum. Dahinter, in der Ecke, stand ein niedriger Werktisch. Darüber hing eine nackte Glühbirne. Ernie schraubte daran, und die Birne ging an.

Die Bank war buchstäblich überfüllt von einer ganzen Anzahl von Maschinenteilen, die alle mit einer Unmenge elektrischer Kabel verbunden waren. Die einzelnen Maschinen standen alle offen da, ihre Hüllen und Behälter fehlten.

Dem Besucher gelang es, zwei alte, ausgeweidete Computer ohne Bildschirm zu erkennen und einen Teil eines Röntgenapparates samt einem Drehring, der ursprünglich dazu gedient hatte, Gesamtaufnahmen des Schädels zu machen. Aber das war noch nicht alles; auf der Bank stapelten sich Transformatoren, kleine Motoren und Druckschaltungen, jedes Teil war mit mindestens einem elektrischen Verbindungsdraht versehen, andere mit dicken, farbigen Kabelleitungen, die sich auf der Bank schlängelten, sich an mehreren Stellen in Stränge aufteilten und die mit seltsamen kleinen Teilen verbunden waren. Es war beeindruckend.

»Um Himmels willen!«, rief der Mann mit dem teuren Anzug. Er war in einigem Abstand von der Bank stehen geblieben, sobald Ernie das Licht angemacht hatte. Er betrachtete das Maschinengewirr ungläubig. »Was soll das denn?!«

Ernie antwortete nicht. Er schaute auf all die verwickelten Drähte, dann lehnte er sich über die Bank, um eine kleine, graue Dose mit einem Schaltknopf zu kontrollieren. Er nickte zufrieden. Dann ging er zu einer Wand und schaltete eine Armaturentafel an. Ein Summen. Ein schwaches Pfeifen. Ein Knarren. Kontrolllichter, die zu leuchten anfingen. Röhren, die langsam zu glühen begannen. Eine Neonbeleuchtung, die erst flatterte, dann mühsam anging, und dann ein grünliches Licht, das im Ring des Röntgenapparates ausströmte. Es war, als würden all die alten Sachen auf der Bank lebendig werden, als erwachten sie aus einem jahrhundertelangen Schlaf.

Der Besucher trat neugierig näher. »Das ist wirklich zu viel!«, murmelte er und schüttelte den Kopf.

Ernie hatte keine Zeit für ihn. Er drehte an einem Knopf, um die grüne Linie eines Oszillators einzustellen, drückte Tasten, verband zwei Stecker. Dann nickte er und richtete sich auf. Seine Augen kontrollierten schnell noch einmal jede Einzelheit. »Alles in Ordnung«, sagte er.

Der Direktor hatte seine Sicherheit wiedergewonnen. Das erste Staunen war vergangen. »Ich habe dich gefragt, was dieser Wahnsinn zu bedeuten hat!«, sagte er. Aus seiner Stimme war der Ärger klar und deutlich herauszuhören.

190

Ernie drehte sich um. Mit der rechten Hand griff er in die Brusttasche seines blauen Arbeitsanzugs. Er zog einen Schraubenzieher hervor, betrachtete ihn kurz und steckte ihn zurück in die Tasche. »Zu kostbar«, sagte er leise. Aber auch die anderen Werkzeuge, die er nach und nach aus der Tasche zog, schienen für den Zweck nicht geeignet. Ernie sah eins nach dem anderen an, schüttelte aber jedes Mal den Kopf und steckte sie wieder weg. Dann hellte sich seine Miene auf. Er hatte eine Idee. Er näherte sich dem Mann mit dem Kittel.

»Gestatten Sie?« Er streckte die Hand aus und zog einen Gegenstand aus der Kitteltasche des Mannes. Es war eine gelbe, zylinderförmige Tube mit Etikett und einem Drehverschluss.

»Was willst du damit?«, fragte der Mann verunsichert.

Ernie antwortete nicht. Er ging zu dem Röntgenapparat. Im Innern des Rings schimmerte grünes Neonlicht. »Stellen Sie sich hierher, Herr Direktor!«, sagte er. »Schnell!«

Der Mann schüttelte ärgerlich den Kopf. Aber er war wohl doch neugierig, denn dann stellte er sich neben Ernie, genau vor den erleuchteten Ring.

»Passen Sie auf!« sagte Ernie. Er hielt das gelbe Röhrchen in der Hand, konzentrierte sich einen Moment, zielte und warf es genau in den grün erleuchteten Ring hinein.

Der Alleskleber flog mitten durch den Ring. In dem Augenblick, als er in das grüne Neonlicht eintauchte, ging ein Zucken durch die Maschine, und man vernahm eine Art lautes, klagendes Zischen, das sofort wieder aufhörte: »sssSSSHHHHhhh«.

Die gelbe Tube war verschwunden. Sie war nie auf der anderen Seite des Ringes herausgekommen, war nicht auf die Werkbank gefallen, wie sie es hätte tun müssen. Sie hatte sich in nichts aufgelöst.

»Wo ist sie?«, fragte der Direktor. Er schwankte zwischen Ungläubigkeit und Zorn.

»Wie bitte?« Ernie hatte sich bereits umgedreht und drückte auf einen Schalter an der Armaturentafel. Das Summen hörte auf, das grüne Licht und mehrere Kontrolllampen erloschen.

»Die kleine Tube mit dem Klebstoff, verdammt noch mal!«, zischte der Direktor. »Das war das erste Muster unserer Chemieabteilung. Man hat es mir gerade erst übergeben! Ich muss es zur Werbeabteilung bringen!«

Ernie hob die Arme und zeigte seine leeren Hände. »Ich würde auch gern wissen, wo die Tube jetzt ist«, sagte er. »Das ist noch ein Problem, das ich lösen muss. Mit Sicherheit befindet sie sich nicht mehr hier in der Werkstatt.«

»Willst du mir vielleicht sagen, dass du meinen Prototyp für den neuen Alleskleber hast verschwinden lassen und jetzt nicht mehr weißt, wie du ihn wiederfinden kannst?«

»Genau so ist es«, sagte Ernie. Auf seinen Lippen spielte ein Lächeln. »Es ist weg, soviel steht fest. Einfach so. Die Dinge, die durch den Ring fallen, verschwinden. Wohin, das weiß ich noch nicht.«

Der Direktor starrte ihn lange an. Unter seiner gebräunten und frisch rasierten Haut sah man die Wangenmuskeln arbeiten. Dann zeigte er mit dem Finger auf Ernie.

»Ich gebe dir vierundzwanzig Stunden, um diese sinnlose Maschine abzumontieren!«, sagte er, wobei er jedes einzelne Wort betonte, wie jemand, der mit einem kleinen Kind spricht. »Morgen komme ich wieder her, dann will ich an dieser Stelle nichts mehr vorfinden, klar?! Sonst schicke ich ein paar Arbeiter runter, die sollen nicht nur dieses stumpfsinnige Ding, sondern auch den ganzen anderen Kram zur Müllhalde bringen!«

Mit einem zornigen Blick drehte er sich um und verließ die Werkstatt.

Ernie blieb noch über eine Stunde lang bei seiner Maschine stehen. Er schaute sie an, er berührte sie.

Dann begann er, die ersten elektrischen Kabel auszustecken.

Auch hier wollte ich, wie schon in der vorigen Geschichte, ausdrücken, wie wichtig die Erfahrung der alten Leute für die Jungen ist. Nur habe ich hier einen anderen Weg gewählt, um es zu sagen. Während in »Erinnere dich an AAAA« eine sanfte und verständnisvolle Stimmung herrschte, habe ich hier einen modernen, berechnenden Firmenchef erfunden, der nicht zuhören will und der seine Welt nur nach dem Nutzen wertet, den sie für ihn haben kann.

Obwohl die Geschichte »Sibissibis, Zweiter Teil« heißt, wird Sibissibis hier nicht ein einziges Mal erwähnt. Dennoch wirst du wahrscheinlich schon während des Lesens verstanden haben, wodurch diese Geschichte mit unserer armen verklebten Schlange verbunden ist! Es hat mit dem Kunstgriff zu tun, den ich dir kurz vor Beginn der Story erklärt habe, dass man nämlich Geschichten miteinander verbinden kann. Hier ist die Verbindung wirklich kaum zu erkennen, aber sie hat mir trotzdem sehr gut gefallen. Durch den Zusammenhang werden beide Geschichten – die von Sibissibis und die von Ernie – dem Leser plötzlich glaubhafter, und das ist viel wert.

 Hat diese Geschichte überhaupt mit Sibissibis zu tun? Wenn ja, wie?

Wo landen deiner Meinung nach die Gegenstände, die Ernie in seine Maschine wirft?

Worin, glaubst du, liegt der Denk- oder Verhaltensfehler des Direktors?

Was hättest du anstelle des Direktors mit Ernie und seiner seltsamen Maschine gemacht? Ihn arbeiten lassen oder ihm verboten, weiter zu forschen? Und warum?

 Kannst du dir eine sinnvolle Anwendung für eine solche Maschine ausdenken? Kommt dir da eine gute Idee, wofür du sie einsetzen würdest?

 Ändert sich auf dem Planeten von Sibissibis im Lichte dieser zweiten Erzählung etwas? Ist dir Sibissibis sympathischer geworden oder nicht?

 Ernie war ein Experte in Sachen Metall. Besaßen deine Großeltern oder Urgroßeltern vielleicht auch eine besondere Fähigkeit? Wenn deine Großeltern nicht mehr leben sollten, dann frage einfach deine Eltern, weil sie sich natürlich besser erinnern können als du. (Wenn du das machst, dann ist das im Grunde ein wenig wie Idil, der Idim half, sich zu erinnern!)

Hast du bei deiner Forschungsarbeit etwas Interessantes entdeckt?

Wenn ja, dann schreibe in dein Heft: Meine Großeltern konnten besonders gut ...

Wenn du zu diesem Punkt gar nichts gefunden hast, weil deine Großeltern vielleicht Bauern waren oder dein Urgroßvater Maurer oder Schreiner, dann hast du dich nicht genügend angestrengt. Um Bauer zu sein, muss man eine ganze Menge Sachen wissen, und dasselbe gilt für einen guten Maurer oder Schreiner!

 Gibt es in deiner Stadt oder deinem Dorf noch ältere Personen, die so ähnlich sind wie Ernie? Womit beschäftigen sie sich?

Arbeiten die Kinder dieser Personen noch bei ihnen? Wenn sie es nicht tun, was meinst du, warum? Was könnte der Grund sein, dass heute immer weniger junge Menschen in die Fußstapfen ihrer Bauern-Schreiner-Maurer-Eltern treten wollen? Pass auf, denn das ist gar nicht so einfach zu beantworten. Es könnte sein, dass du darüber mit mehreren Personen sprechen und diskutieren musst, bevor du zu einer Lösung kommst.

Wie du beim Lesen dieses Buches gemerkt hast, brauchst du dich nur umzusehen, um Anregungen zu einer Geschichte zu finden. Ideen kommen dir, wenn du mit offenen Augen durchs Leben gehst und dir alles interessiert anschaust. Mach einen Ausflug in die Stadt, gehe in die Geschäfte der Handwerker und beobachte, wie sie arbeiten. Hab keine Angst, sie werden nicht böse, wenn du zuschaust oder Fragen stellst. Sie werden sogar froh sein. Wer weiß, vielleicht entdeckst du an vielen Orten tolle Protagonisten für deine Geschichte ...
Außerdem dient mir diese Geschichte einem wei-

teren Zweck: Der Leser hat plötzlich einen soge-
nannten »Wissensvorsprung« vor dem Helden, das
heißt, er weiß etwas, das der Held selbst noch nicht
herausgefunden hat – oder auch nie herausfinden
wird. In unserem Fall erfahren wir plötzlich, dass die
seltsamen Gegenstände, die auf Sibissibis' Planeten
durch den Sonnenbrunnen fielen, nichts anderes
waren als Testgegenstände, die Ernie benützt hatte.
Wir wissen jetzt, dass die Tube Alleskleber der letzte
Gegenstand ist, der jemals durch den Sonnenbrunnen kommen wird. Das verleiht dem Leser einen
Wissensvorsprung.

Es ist ein kleiner Trick, der beim Schreiben oft auch
nur in kurzen Szenen sehr gut angewendet werden
kann, um Spannung zu erzeugen.

Ein Beispiel dazu? Gerne:

»Als Peter an einem grauen Herbstmorgen die Haustür
öffnete und verschlafen in den Nieselregen starrte, der
ihn auf dem Weg zur Schule erwartete, konnte er noch
nicht ahnen, dass wenige Sekunden später etwas pas-
sieren würde, das sein ganzes Leben verändern würde.«

Du siehst, rein zufällig bin ich wieder auf das Zauberwörtchen »als« zurückgefallen, um diese Geschichte
zu beginnen. Es funktioniert wirklich gut!

Neuntes Kapitel

Der Schluss

Etwas möchte ich dir noch erzählen: Viele Kinder, die die Geschichte von Sibissibis gelesen haben oder denen sie vorgelesen wurde, wollten danach von mir wissen, was aus der armen gelb-roten Schlange schließlich geworden ist. Die meisten fanden die Geschichte traurig, und damit hatten sie recht. Verklebt zu bleiben und das ganze Leben lang tollpatschig zu hüpfen gefällt keinem. Schon gar nicht einer Schlange! Also gab es heftige Kritik von den Tierfreunden unter den Kindern.

So etwas durfte ich nicht auf mir sitzen lassen! Ich schreibe ja keine Bücher, um meine Leser traurig zu stimmen. Aufgrund der großen Nachfrage habe

ich bald die dritte Folge von Sibissibis geschrieben. Hier wird der Schlängerich ganz klar zum Protagonisten!

SIBISSIBIS

Dritter Teil

Sibissibis strich nicht mehr über den Wüstensand, seine Schuppen schabten nicht mehr über die Sandkörnchen, verstummt war die süße Musik wie das Flüstern fürstlicher Seide unter den Fingerspitzen eines Stoffverkäufers. Alles nur deshalb, weil er nicht mehr schlangenhaft schlängeln konnte. Das Vorwärtsbewegen war zum ernsten Problem für Sibissibis geworden; kein schlängelndes Umherstreifen. Sein Schlangenkörper war nicht mehr imstande, über den Sand der Sahara zu gleiten, so grazil, spielerisch und beschwingt, wie man es sich von einer Priesterlichen Schlange vorstellte. Er zuckelte nur verzagt, es war ein unvorstellbar ungeschicktes und rutschendes Hüpfen, absolut unschön anzusehen; kein normales, sich schlängelndes Biegen seines gelb und rot gestreiften Körpers war mehr zu sehen. Für Sibissibis wäre es sicherlich angemessener gewesen, als verklebte Schlange gar nicht mehr herumzuhüpfen und still in seiner stockfinsteren Höhle zu sitzen ...

Aber das Leben spielt Schlangen oft seltsame Streiche. Sibissibis' Los wollte es anders mit ihm! Etwas

Außergewöhnliches geschah. Seine Besonderheit ließ sein Ansehen unter dem Schlangenvolk noch ansteigen. War es nicht ein absolut sicheres Zeichen des Schicksals, dass der Sonnenbrunnen des Verlassenen Hauses ihn als einzige der Sechs Schlangen des Priesterlichen Wissens dazu erwählt hatte, seitdem so im Zickzack zu zuckeln?

Das musste zuerst lange und ausführlich in einer Sitzung der Sechs Schlangen bis ins kleinste Detail diskutiert werden.

So geschah es, dass Sibissibis urplötzlich, und ohne es zu wissen, zur Einzigen Schlange des Priesterlichen Wissens des Schlangenvolkes gewählt wurde. Dies wurde spät eines Nachts dem Schlangenvolk von der Terrasse des Palasts verkündet.

Danach war Sibissibis nicht mehr die Sechste Schlange des Priesterlichen Wissens. Er war jetzt die Einzige Schlange des Priesterlichen Wissens des Volkes der Schlangen. Wenn man in der Stadt der Schlangen den Namen Sibissibis auf den Straßen und in den Häusern zischelte, sprach man von der Höchsteinzigen Schlange, dem ungekrönten König aller Schlangen des gesamten Planeten. (Ungekrönt blieb Sibissibis nur, weil die Schlangen es nicht verstanden, Kronen herzustellen. Hätte das Volk der Schlangen gewußt, wie man Kronen herstellt, wäre Sibissibis sicherlich ruck, zuck gekrönt worden!)

Wegen des Klebstoffs war der Körper von Sibissibis in zwei engen Kurven aneinandergeleimt, in Form eines zusammengepressten »s«. Seine beiden Kurven in »s«-

Form wurden zu seinem Wahrzeichen, zu seinem Ruhm. Sie waren das Geheimnis seines Erfolgs. Sibissibis war ein Star unter den Schlangen.

Seitdem räkelte Sibissibis sich auf seidenen Kissen auf der höchsten Empore der stattlichen Festhalle der Priesterlichen Schlangen. Sein Sitz war ganz auf der Spitze, sechs Stufen höher als alle anderen Schlangen, die ihn bäuchlings und stumm aus der Distanz ansahen, während er, die Höchsteinzige Priesterliche Schlange des Volkes der Schlangen, sie nur flüchtiger Blicke würdigte, und das auch nur ab und zu. Zugegebenermaßen: Sie waren prächtig, seine beiden »S«-Schleifen, und zeichneten sich schimmernd gegen die Schwärze des Saales ab. Wenn sie zur Abendzeit die Sonnenstrahlen erfassten, schienen sie sogar wie Gold aufzublitzen. Welch schöner Anblick!

Gibt es vielleicht einen Schlüssel, um das Geheimnis von Sibissibis' Erfolg zu lüften? Sicher, alle Geheimnisse besitzen Schlüssel.

Alle wissen, wie Schlangen so sind! Engstirnig sind sie bestimmt nicht und kurzsichtig oder begriffsstutzig schon gar nicht, andererseits sind sie stark abergläubisch, und zwar so unfassbar abergläubisch wie kein anderes Lebewesen auf dem Sand dieser Erde! Ihr Aberglaube war der Schlüssel zu Sibissibis' blitzschnellem Aufstieg an die Spitze der Schlangengesellschaft.

Die anderen Schlangen zeugten Sibissibis schon seit Monaten wachsenden Respekt, zum Teil sogar ängstliche Unterwerfung. Sein Ansehen wurde immer größer, denn Sibissibis war anders als die anderen, er war jetzt die Einzige Schlange des Priesterlichen Wissens des Volkes der Schlangen, den der Sonnenbrunnen höchstpersönlich als ihren Herrscher ausgesucht hatte. Sibissibis hatte, so sahen sie das, das Schicksal herausgefordert, mit dem Resultat, dass die Vorsehung ihn in eine Superschlange verzaubert hatte.

Das ist der Grund, weshalb die Schlangen sich zu Boden duckten und sich nur zögernd der Schwelle zur Königshalle näherten, wo sie unbeweglich und mit gesenktem Blick abwarteten, bis Sibissibis geruhte, sie einzeln aufzurufen. Erst dann betraten sie den gepflasterten Boden des Saales, den Kopf gesenkt und den Blick fest auf die schwarz-weißen Fliesen gerichtet. Aber in der Halle krochen die Schlangen nicht, oh nein! Welche Missachtung, welche Erniedrigung wäre es für Sibissibis gewesen, wenn sie sich in seinem Beisein spielerisch über die Fliesen geschlängelt hätten! So etwas war gänzlich ausgeschlossen!

Die Schlangen, die Sibissibis aufsuchten, mussten sich wahnsinnig anstrengen, um ungeschickt und tollpatschig wie er zu springen, dabei rutschten sie nach jedem Sprung über die Fliesen, verloren das Gleichgewicht und purzelten und schlitterten zu Boden, nur um sich mühsam wieder aufzurichten und den nächsten Sprung in Richtung auf die sechs Stufen zu versuchen. Wenn sie zuletzt den Fuß der Empore, auf der Sibissibis auf seinen Kissen ausgestreckt ruhte, erreicht hatten, waren sie verschwitzt, atemlos und erschöpft vor An-

strengung. Erschöpft, aber gleichzeitig sehr zufrieden mit sich selbst. Es ist bekannt: Schlangen wissen, wie man sich verhalten muss.

Springen, nicht schlängeln! Das war der am häufigsten gezischelte Satz in der unterirdischen Stadt der Schlangen. Sibissibis sollte sich nicht als entstelltes Monstrum fühlen, schon deshalb sprangen alle Schlangen. Sie sprangen, damit er sich nicht stumpfsinnig vorkam, aber auch, weil sie, die normalen Schlangen, sich auf diese Art vernunftbegabt vorkamen, einsichtig, schlau und so Sibissibis ähnlicher. Es war eine Mode, der sie folgten, ein Beispiel, das sie zur Schau tragen mussten, es wurde schnell zum Lebensstil salonfähiger, gut erzogener Schlangen!

So kam es, dass bald alle Schlangen über sechzig Zentimeter sich hüpfend vorwärtsbewegten. Nicht nur in der Festhalle im Beisein von Sibissibis, auch auf der Straße und selbst in ihren Behausungen, wenn sie ganz allein waren. Sie beschlossen, auch ihre Sprichwörter zu ändern. Wo es zuvor hieß: »Fein gewunden ist die Spur der stolzen Schlange, die sie auf dem Sand der Sahara zurücklässt!« oder: »Eine weise Schlange schlängelt nicht, falls ein Bussard in den Zweigen sitzt.«, zischelten sie seit Neuestem selbstbewusst: »Schief und zackig soll die Spur sein, die eine stolze Schlange im Sand der Sahara zurücklässt!«, und: »Eine weise Schlange hüpft nicht, falls ein Bussard in den Zweigen sitzt!« Das Sprichwort »Nur wer zischt und hisst, nicht wer sprühend niest und leise nuschelt, ist eine stolze Schlange der Sahara!« wurde jetzt so umgeschrieben: »Nur wer zischt und springt, ist eine stolze Schlange der Sahara!«

Ähnliches geschah mit fast allen Sprichwörtern der Schlangensprache.

Die angesehensten Dichter unter den Schlangen machten sich daran, neue, überspannte Gedichte auszudenken, andere schrieben Aufsätze über »Das stolze Springen der Schlangen«. Das Theaterstück »Nur Schlangen springen schön« wurde ein aufsehenerregender Erfolg und in der berstend vollen Festhalle im Beisein Sibissibis' und der fünf ehemaligen Priesterlichen Schlangen singend, tanzend und springend rezitiert. »Stolz ist der Sprung der Schlange«, stand seit einiger Zeit über dem Eingang der Festhalle in großen, schlangenähnlichen Buchstaben geschrieben. Sogar die Schlangenhäute, die obersten Hautschichten, wurden jetzt nach dem regelmäßigen Abstreifen im Sand der Sahara in Form zweier »S« zurückgelassen, um Sibissibis symbolisch zu feiern. Kurz gesagt, sämtliche Schlangen barsten fast vor Zuneigung und Begeisterung für Sibissibis, jetzt Einzige Schlange des Priesterlichen Wissens des gesamten Volkes.

So seltsam es klingen mag: Sibissibis litt stark. Es ging ihm nicht im Geringsten besser. Die ganze Schmeichelei ließ ihn kalt. Er fühlte sich eingesperrt, verstört, erschöpft, nachts im Schlaf seufzte er oft, er zuckte und zappelte, schlief schlecht und wurde im wahrsten Sinne des Wortes (falls dieser Ausdruck gestattet ist) in kurzer Zeit ein Waschlappen von Schlange.

Die arme Schlange litt, aber wenigstens litt Sibissibis

im Stillen, ohne von sich aus den anderen etwas zu sagen. Er wagte nicht, den Stolz und die Hoffnungen seines Volkes zu zerstören und sich von der Position als Einzige Schlange des Priesterlichen Wissens des Volkes der Schlangen zurückzuziehen, um in der Stille seiner unterirdischen Höhle unterzukriechen und auf Nimmerwiedersehen aus den Augen seines Schlangenvolkes zu verschwinden. Es war dies eine schier unerträgliche Situation für ein sanftes und empfindsames Wesen wie Sibissibis.

Eines Abends lag Sibissibis schlaff auf seinen Seidenkissen, knabberte lustlos an einem saftigen Skarabäus herum (Schlangen sind sehr wild auf Käfer und Mäuse) und hörte gerade missvergnügt den üblichen feierlichen Reden der fünf ehemaligen Priesterlichen Schlangen zu. Er war erschöpft wie selten zuvor. Dieses pausenlose Rauf- und Runterspringen über die sechs Stufen seiner Empore zermürbte ihn zusehends. Das schwachsinnige Springen erschien Sibissibis albern, unschön, ja, sogar abstossend. Seine Gefährten zwangen ihn gerade wieder, zum soundsovielten Mal zu erzählen, was ihm beim Besuch des Sonnenbrunnens zugestoßen war. Sie verharrten sogleich in ergebenem Schweigen und starrten auf seine beiden »S«-Kurven, wünschten sich sehnsüchtigst, dieselbe Geschichte erneut erzählt zu bekommen. Aber Sibissibis wollte nichts davon wissen. Das ganze sinnlose Geschwätz hatte ihn übermäßig gestresst. Er wartete auf nichts anderes, als dass es bald Zeit zum Schlafen wäre.

»Los, Sibissibis«, zischte Abbassabba mit leiser Stimme: »Wach auf! Du sagtest gerade …?«

Sibissibis, der einige Sekunden lang eingeschlafen sein musste, den Skarabäus fest zwischen seinen spitzen Zähnen, schlug mühsam ein Auge auf und schüttelte den Kopf. »Ich bin zu müde«, wollte er sagen, aber der Skarabäus war ihm quergerutscht, und aus seinem Maul erschall nur so etwas wie: »Ihhhhbnnnnzzzmmmmmdddddddddd!«

»Was sagtest du?« Abbassabba starrte ihn erstaunt an.

Sibissibis hörte nichts. Der Skarabäus hatte sich ganz hinten in seinem Rachen festgesetzt.

»Heiligster Geist aller Sechs Priesterlichen Schlangen!«, zischte Sibissibis, aber was die Schlangen zu hören bekamen, war so etwas wie: »HlgstrrrGssstlllchsPrrrrchSchllllll!«

Aufs Äußerste erschreckt versuchte Sibissibis jetzt alles, sein nacktes Leben zu retten, begann zu husten, zu spucken, schloss die Augen und schüttelte den Kopf wie ein Besessener, aber er schaffte es nicht, Atem zu schöpfen. Von immenser Panik ergriffen schnellte er aus seinen Kissen hoch, vergaß natürlich gänzlich, dass er verklebt war, verlor sofort das Gleichgewicht und stürzte Stufe um Stufe die Empore hinunter, prallte dabei erst auf seine zwei »S«-Kurven, dann auf seine Flanke, ganz zuletzt schlug sein Kopf auf die steinernen Fliesen der Halle …

»Ssschhhpukkkk!« Aus seinem aufgerissenen Maul

schoss wie aus einer Pistole der Skarabäus und schlidderte über die Steine des Saals. Sibissibis blieb bewusstlos am Fuße der Empore liegen. Aber wenigstens atmete er jetzt wieder. Kurz darauf kam er zu sich. »Bin ich unversehrt?«, zischte er mit schwacher Stimme. Er kam sich irgendwie ganz seltsam vor. Irgendetwas war anders als sonst, aber was?

»Sibissibis!«, zischten die fünf ehemaligen priesterlichen Schlangen bestürzt. Sie waren eiligst die sechs Stufen heruntergestürzt, um der Einzigen Schlange des Priesterlichen Wissens des Volkes der Schlangen beizustehen, ihm zu helfen, und nun starrten sie ihn voller Angst an. »Wie geht es dir? Bist du verletzt?«

»Mir geht es soweit ganz gut, danke«, sagte Sibissibis, als er wieder etwas zu sich gekommen war. »Ich muss sagen, ich fühle mich sogar äußerst wohl. Ganz im Ernst!« Als Sibissibis die kreideweißen Gesichter seiner Freunde sah, lächelte er schüchtern, richtete sich vorsichtig auf und streckte seine Glieder.

»Krrrick!« Während er sich streckte, erschallte hinter ihm ein seltsames Geräusch, wie wenn ein Zahnstocher zerbricht, wie ein dürres Geripppe, das von den Zähnen einer Schlange gespalten wird, oder wie ein Felsblock in der Sahara, der sich in der sengend heißen Sonne ausdehnt und in Stücke zerspringt. Und sofort danach ein zweites Geräusch, ganz ähnlich wie das erste: »Krrrrack!«

Sibissibis erstarrte. »Was ist passiert?«, zischelte er erschreckt.

»Was war das?«, hissten die anderen Schlangen wie aus einem Maul.

»Was kann das gewesen sein!« Sibissibis streckte seinen Hals von rechts nach links und betrachtete jeden Zentimeter seines gelben Körpers mit den roten Streifen. Er rollte sich ganz zusammen, dehnte sich aus, stellte sich sogar kurz auf seine Schwanzspitze, um besser zu sehen, verknotete und schüttelte sich, ohne dabei etwas Merkwürdiges zu entdecken. Seltsam, er fühlte sich sogar besser als je zuvor in den letzten sechs Monaten.

»Sibissibis!«, zischte Abbassabba entsetzt.

»Was ist denn los?«, fragte Sibissibis seinen besten Freund verstört.

Abbassabba schluckte. »Du ... bist nicht ... schau doch ... nicht mehr ... wie soll ich sagen? ... zusammengeklebt!«

Sibissibis sah an sich hinunter. »Allerheiligste Priesterliche Schlange!« stieß er verblüfft hervor. Er zuckelte den Kopf von rechts nach links, dehnte sich aus, bis er schnurgerade ausgebreitet auf den Steinfliesen lag.

»Und was passiert jetzt?«, fragte Abbassabba leise. Vor Schreck brach ihm der Schweiß aus.

Sibissibis blieb still. Er musterte sich interessiert, rollte sich ganz zusammen, rollte sich auseinander, rastete dann einige Sekunden, den gelb-weißen Bauch nach oben gestreckt, um nachzudenken und aufzuatmen. Zuletzt sagte er seinen versammelten Freunden mit feierlicher Stimme:

»Liebe Priesterliche Schlangen, Schluss mit dieser saublöden Springerei! Basta! Ab sofort wird jetzt wieder alles so, wie es zuvor gewesen ist: Alle sechs Wochen wird sich einer von uns zum Brunnen schlängeln. Wie in den alten Zeiten.« Er schüttelte den Kopf und lächelte zufrieden. »Ich hatte es sowieso satt, zusammengeklebt auf diesen Samtkissen zu liegen, ohne mich schlängeln zu können, wie es sich für eine waschechte Schlange geziemt!«

Ein paar Sekunden herrschte Stille im Saal. Ein paar Schlangen hüstelten dezent, andere räusperten sich betroffen, eine summte leise vor sich hin.

»Ich kann dir aus ganzem Herzen versichern: Dasselbe gilt auch für uns, lieber Sibissibis.« Abbassabba zeigte zufrieden seine blitzenden weißen Zähne. »Sechs Monate plumpes, tollpatschiges Herumspringen sind zuviel des Guten!«

Auch die anderen Schlangen lächelten plötzlich.

»Jawohl!«, zischelten sie, »sechs solche Monate sind entsetzlich, fast noch schlimmer als ein Kloß im Hals!«

Sibissibis streckte sich zufrieden auf den Fliesen aus und dehnte sich, dass seine Wirbelsäule knackte. »Gut gesagt! Wie man weiß, auch die besten Schlangen irren sich ab und zu, aber auf seinen Fehlern zu beharren wäre schlichtweg idiotisch! Und Schlangen sind, das wissen alle, schlaue Geschöpfe!«

Und urplötzlich fingen die sechs Schlangen erst an zu schmunzeln, dann sich fast krankzulachen, sich lauthals prustend zu erzählen, was ihnen so alles in der *letzten Zeit passiert war, als sie tagein, tagaus nichts als springen mussten, sich aber nicht schlängeln und schon gar nicht kriechen durften. Das ging eine ganze Zeit lang.*

Später sangen sie zusammen schallend laute Schlangenlieder, tranken dazu unmäßig viel und zerflossen fast vor Glück und gegenseitiger Zuneigung. Alsdann begannen sie, schlängelnd zu tanzen, die sechs Stufen hinauf und hinunter zu kriechen und sich auf dem Boden des Saals zu wälzen und dabei sogar wie stolze, ausgelassene Schlänglein zu schwänzeln (zum Glück befanden sie sich alleine im Saal!), kurz gesagt, sich wie Sechs Priesterliche Schlangen zu benehmen, wenn sie außerordentlich erleichtert und zufrieden sind.

Und so geschah es, dass alle Schlangen wieder wie früher über den Sand der Sahara schlängelten. Wenn sie sprangen, so taten sie es nur zum Spaß oder, um sich gegenseitig zu verspotten, niemals jedoch ernsthaft, wie es unter der Herrschaft von Sibissibis, der Höchsteinzigen Priesterlichen Schlange, geschehen war.

Und Sibissibis? Er nahm seinen Rang als Sechste Priesterliche Schlange wieder ein. Ruhig, ohne sich im Geringsten zu beklagen. Alle sechsunddreißig Wochen war er an der Reihe, über den Sand zu schnellen, die Sahara zu durchschlängeln und dem Sonnenbrunnen einen Besuch abzustatten. Wenn er über den Sand schlängelte, erklang wieder die Musik seiner goldenen Schuppen, süß wie das sanfte Flüstern fürstlicher Seide unter den Fingerspitzen eines Stoffverkäufers.

Alles wurde wieder, wie es zuvor gewesen war. Fast alles.

Jedes Mal, wenn Sibissibis sich zum Sonnenbrunnen schlängelte, hoffte er insgeheim, keine unliebsamen Überraschungen vorzufinden.

So, das war das Ende der Geschichte von Sibissibis. Über den Gebrauch der Zischlaute haben wir schon gesprochen.

 Einen kleinen Tipp kann ich dir zu Sibissibis geben: Ich habe natürlich fast ausschließlich mit dem Wörterbuch in der Hand geschrieben. Zuerst habe ich mir so ziemlich alle Wörter schnell durchgelesen, die mit »s« beginnen. Das hat zwar ein paar Stunden gedauert, mir aber prima Ideen gegeben, die dann nicht nur in die Geschichte eingeflossen sind, sondern sie sogar beeinflusst haben. Aus einem tollen Wort, das man im Wörterbuch findet, kann eine ganze Folge von Ideen werden und daraus dann vielleicht ein ganzer Absatz!

In meiner Geschichte war es das Verb »prusten«, das mir zu einem ganzen Absatz verholfen hat, bei dem ich mich köstlich amüsiert habe, als nämlich die Schlangen sich eingestehen, dass sie die Nase voll hatten von all dem Springen. »Prusten« verbinde ich zum Beispiel sofort damit, dass jemand sein Gelächter nicht mehr zurückhalten kann, ob er will oder nicht, irgendwann bricht es prustend aus einem heraus, und das sind meistens sehr lustige Szenen.

Du siehst, man kann mehrere Geschichten über dasselbe Thema schreiben und eventuell auch die Geschichten mit etwas Fantasie miteinander verbinden. In der ersten haben wir Sibissibis kennengelernt, in der zweiten wird uns erklärt, woher die seltsamen Sachen aus dem Sonnenbrunnen kommen, und in der dritten geht das Abenteuer glücklich zu Ende, weil Sibissibis sich wieder frei bewegen kann.

Einen schriftstellerischen Trick habe ich in diesem dritten Teil ganz gut angewendet, nämlich den Rollentausch. Darunter versteht man, dass sich innerhalb einer Erzählung plötzlich die Voraussetzungen ändern. Es ist ein Trick, den ich gerne und oft verwende, denn er hilft mir als Schriftsteller, die Relativität der Dinge in unserer Welt zu zeigen. Anders gesagt: Nicht alles, was man als absolut wichtig betrachtet, ist in Wahrheit so wichtig. Für manche ist es lebensnotwendig, teure und schicke Kleider zu kaufen und zu tragen, für andere nicht. Manche finden, dass das Lesen der tollste Zeitvertreib der Welt ist, andere hingegen lesen nie (oder höchstens einmal die Gebrauchsanweisung ihrer neuen Spülmaschine) und sind überzeugt, dass sie damit recht haben. Das ist es, was ich unter Relativität der Dinge verstehe. Außerdem ist es wichtig, dass Kinder und Heranwachsende verstehen, dass sie ein Recht darauf haben, etwas nicht so zu sehen wie ihre Eltern oder ihre Lehrer.

Wenn wir Verständnis für andere Menschen und Gebräuche entwickeln, leben wir später, wenn wir erwachsen werden, sicher besser.

Und um das in einer Geschichte herauszubringen, hilft der Rollentausch.

In »Sibissibis, Dritter Teil« war es die Schlange selbst, die ungewollt einen Rollentausch durchmachen musste.

Als Sibissibis verklebt war, hätte er eigentlich als Ausgestoßener leben müssen, einsam in seiner dunklen Höhle. Aber mir gefiel es, seine Besonderheit dazu zu benützen, ihn in den Augen der anderen Schlangen zu etwas Wichtigem werden zu lassen. Also ein wahrer Rollentausch.

Dabei habe ich an die Indianer in Nordamerika gedacht, bei denen oft Menschen mit körperlichen Gebrechen zu Medizinmännern wurden, Blinde zu Hellsehern usw.

Großartige Fragen zur Geschichte kommen mir nicht in den Sinn, höchstens eine:

 War es richtig, dass die anderen Schlangen Sibissibis so sehr bewundert haben, nur weil er verklebt war?

Dafür habe ich noch ein paar tolle Stellen aus der Kinderliteratur für euch, die zeigen, dass man seine Geschichte auf ganz verschiedene Weisen zu Ende bringen kann.

Zum Beispiel gibt es Abschlüsse, die zugleich ein neuer Anfang sind. Erinnert ihr euch an den Anfang von der Geschichte um die kleine Raupe Nimmersatt? Die Geschichte begann mit dem Ei, aus dem die Raupe geschlüpft ist. Und wie endet sie? Die Raupe hat sich durch viele leckere Dinge hindurchgefressen, zuletzt durch ein grünes Blatt. Nun ist sie satt und groß und dick geworden. Und dann?

 *Sie baute sich ein enges Haus, das man Kokon nennt, und blieb darin mehr als zwei Wochen lang. Dann knabberte sie sich ein Loch in den Kokon, zwängte sich nach draußen und ... war ein wunderschöner Schmetterling!*
(Eric Carle: Die kleine Raupe Nimmersatt)

Genauso gibt es Abschlüsse, nach denen die gleiche Geschichte einfach weitergeht, als hätte sie nie ein Ende. Am Ende von Astrid Lindgrens »Die Kinder aus Bullerbü« bekommt Lisa einen Brief von Britta und Inga. Die beiden berichten aufgeregt, dass sie sich etwas Gutes ausgedacht haben. Sie werden es Inga am nächsten Tag draußen auf dem Kartoffelacker verraten. Jetzt sagen sie nur soviel: Die Jungen werden ganz schön wütend werden. So beendet die Erzählerin Lisa dann mit einem offenen Ende die Geschichte, als würde sie ewig weitergehen:

Ich überlege jetzt, was sie sich wohl ausgedacht haben. Aber das werde ich morgen erfahren.
(Astrid Lindgren: Die Kinder aus Bullerbü)

Das sind die letzten Sätze von Astrid Lindgrens *Die Kinder aus Bullerbü*. Den Rest musst du dir denken. Einen solchen letzten Satz hat sich auch Michael Ende für *Jim Knopf und Lukas der Lokomotivführer* ausgedacht:

Und während sie Zukunftspläne schmiedeten, schauten sie auf das Meer hinaus und die großen und kleinen Wellen rauschten dazu an den Landesgrenzen.
(Michael Ende: Jim Knopf und Lukas der Lokomotivführer, S. 250 ff.)

Man ist gespannt, wie es weitergeht. Im Film nennt man das Cliffhanger, vor allem bei Serien wird es gemacht.

Manchmal erzählen Schriftsteller am Ende ihre Geschichte ganz atemlos zu Ende, bei Peter Pan etwa ist es so. Ganz besonders an diesem Ende ist, dass sich andeutet, dass alles für immer so weitergehen wird:

Wenn ihr Wendy heute trefft, werdet ihr sehen, dass ihr Haar weiß geworden ist, und sie selbst ist wieder klein, denn all das ist lange her. Jane ist inzwischen eine gewöhnliche Erwachsene und hat eine Tochter, die Margaret heißt, und jedes Jahr um den Frühjahrsputz herum kommt Peter, falls er es nicht vergisst, um Margaret abzuholen und mit ihr ins Nimmerland zu fliegen. Dort erzählt sie ihm Geschichten, die von ihm handeln und denen er eifrig lauscht. Wenn Margaret groß ist, wird sie eine Tochter haben, und dann wird sie Peters Mutter sein, und so wird es immer weitergehen, solange Kinder sind, wie sie sind: heiter, unschuldig und herzlos.

(James Matthew Barrie: Peter Pan)

Besonders erleichtert, das kennst du bestimmt auch, ist man als Leser, wenn die Hauptfigur am Ende der Geschichte ihr Ziel erreicht hat. Erinnerst du dich an Otfried Preußlers *Kleine Hexe*, die nicht zaubern konnte? Am Ende der Geschichte ist sie sogar die einzige Hexe, die wirklich zaubern kann. So ein schönes Ende!

Andere Texte dagegen enden offen, mittendrin, man weiß nicht, wie es weitergehen wird. Das ist auch ein großes Geschenk, denn: Man darf es sich denken.

Übrigens, erinnert ihr euch an den genialen Anfang, der Michael Ende für *Die unendliche Geschich-*

te eingefallen ist? Die Inschrift auf der Glastür des Ladens von Herrn Koreander, in Spiegelschrift vom Inneren des Ladens her gelesen? Ein genauso genialer Schluss ist ihm für das Ende von *Momo* eingefallen. Dort gibt es ja Kassiopeia, die Schildkröte, die sich verständigt, in dem Worte auf ihrem Panzer erscheinen.

> »DANKE!«, stand auf dem Panzer.
> Dann hinkte Kassiopeia davon und suchte sich einen stillen und dunklen Winkel. Sie zog ihren Kopf und ihre vier Glieder ein, und auf ihrem Rücken, für niemand mehr sichtbar als nur für den, der diese Geschichte gelesen hat, erschienen langsam die Buchstaben:
> ENDE
> (Michael Ende: Momo)

Eigentlich sind die Buchstaben ENDE sogar auf Kassiopeias Panzer gezeichnet, denn das Buch schließt mit einer Illustration ab, auf der man Kassiopeia von oben sieht.

Zehntes Kapitel

Wie man seine Geschichte verpacken kann oder: Von der Qual der Wahl eines Lesers

Das ist jetzt ein seltsamer Titel für ein Kapitel, findest du nicht? Aber es muss sein, denn es ist ein wichtiges Thema, das auch mir als Autor sehr am Herzen liegt. Umschläge oder »Cover«, wie man auf Englisch sagt, wickeln die Bücher ein, sie sind aus Papier oder Karton und werden »um die Bücher geschlagen«. Daher stammt auch das Wort. Zunächst dienten Umschläge dem

Zweck, dass Bücher nicht zerfleddern. Es war ganz einfach eine Schutzhülle. Dann muss irgendwann irgendwer auf die Schmetterlings-Idee gekommen sein, dass sich das Buch mit einem schönen Umschlag besser verkaufen lässt als ein ganz normaler Leder- oder Leinenumschlag mit nur dem Titel des Buches darauf. Daraufhin haben das die anderen Verleger mehr und mehr nachgemacht, damit sich ihre Bücher auch verkaufen. Irgendwie ist das verständlich.

Mit der Zeit wurden dann die Buchumschläge immer bunter, immer schöner, mit Fotos und Zeichnungen, mit tollem Schriftbild, seit Neuestem sogar in Relief gedruckt, mit doppeltem Umschlag, der obere aus Plastik und durchsichtig, der untere farbig abgestimmt usw. Heute gehen wir in einen Buchladen, und die Umschläge der Bücher in der Auslage schreien uns geradezu an: »Kaufe mich!« oder: »Sieh doch, wie *schön* ich bin!«

Warum schreibe ich nun über dieses Thema?

Ganz einfach: Weil ich selber Kinderbuchautor bin, und weil ein Autor eigentlich lieber wegen seiner Geschichten gekauft werden möchte als wegen des Umschlages seiner Bücher. Umschläge werden nicht vom Autor selbst gemacht. Dafür gibt es bei jedem Verleger eine eigene Abteilung von Grafikern. Und die erfinden für jedes Buch einen Umschlag. Da geht es weniger um Inhalte als ums Verkaufen. Man könnte fast sagen, dass, je schwächer ein Buch inhaltlich ist, desto aufwendiger sein Umschlag gestaltet, damit das Buch sich dann doch verkauft. Und als Autor finde ich das schade. Oder, um den Gedanken umzudrehen: Wenn du das nächste Mal in einen Buchladen gehst, um ein Buch zu kaufen, pass auf!

Ähnlich ist es mit dem Titel eines Buches. Der wird oft vom Verleger ausgesucht, und nicht vom Autor. Ein Titel, der Spannung verspricht, verkauft sich sicher besser. Es kann auch passieren, dass der Titel fast nichts mit dem Inhalt zu tun hat, das ist dir sicher schon passiert!

Deshalb also ein Rat: Suche dir deine Bücher nicht nach dem Umschlag oder nach dem Titel aus. Das kann sehr oft arg daneben gehen. Eine Möglichkeit ist, seine Freunde zu fragen, welche Bücher ihnen wirklich gefallen haben. Aber die Geschmäcker sind bekanntlich verschieden, und auch hier kann es oft daneben gehen.

Und jetzt wird dieses Kapitel noch komischer: Ich möchte ganz kurz über ein rein mathematisches Problem sprechen. Über Nummern. Und das in einem Buch übers Schreiben! Aber keine Angst, es ist kurz und interessant.

Wenn du ein »guter Leser« bist und gerne liest, wirst du ungefähr zwischen 30 und 50 Bücher pro Jahr lesen. Natürlich kommt es auf die Länge des Buchs an. Um »Harry Potter« zu lesen, brauchst du sicher viel länger als für ein kleines Büchlein von 50 Seiten. Aber nehmen wir einfach an, du liest jeden Abend mindestens eine Stunde lang, dann sind das pro Jahr mehr oder weniger 50 Bücher (die Nummer 50 ist einfacher zu multiplizieren). Ein »guter Leser« beginnt ungefähr mit neun oder zehn Jahren ernsthaft zu lesen. Und nehmen wir an, unser »guter Leser« wird kerngesund und ohne Brille 80 Jahre alt. Das gibt ihm, in seinem ganzen Leben als »guter Leser«, 70 Jahre Zeit zu lesen. 70 mal 50, das macht zusammen 3 500.

3 500 Bücher, das ist doch eine ganze Menge!

Ja, du hast recht, das ist eine stattliche Anzahl an Büchern. Da kann man nichts sagen, nur dem »guten Leser« auf die Schulter klopfen und zustimmend nicken.

Das Problem versteckt sich wie die Würmer in den Äpfeln. Bohrt sozusagen unsichtbar unter der Oberfläche. In diesem Fall sitzt der Wurm in den großen Nummern. Große Nummern können ganz schön Angst machen. Jetzt kommt ein Beispiel dafür. Halte dich fest.

In Deutschland erscheinen jährlich 80 000 Bücher. Das heißt, jedes Jahr kommen 80 000 neue Bücher in die Buchläden. Das sind sehr viel mehr als ein guter Leser in seinem ganzen Leben verschlingen kann. Man bräuchte 22 Leben als guter Leser, um die Buchproduktion Deutschlands eines einzigen Jahres lesen zu können. Aber leider hat man keine 22 Leben. Selbst wenn wir bald 100 Jahre alt werden würden, wären es nur 5 000 Bücher in einem Leben. 5 000 ist nicht viel im Vergleich zu 80 000.

Und dann muss man bedenken, dass im Jahr darauf *wieder* 80 000 Bücher erscheinen. Und im Jahr danach *wieder* 80 000 Bücher. Und so weiter. Während wir immer nur 50 Bücher pro Jahr lesen können. Die Lücke wird also jedes Jahr größer, anstatt kleiner zu werden.

Und dann noch etwas: Jedes Jahr erscheinen in englischer Sprache mindestens 375 000 Bücher. Und 53 000 auf Italienisch. Und 68 000 auf Französisch. Sollte ein »guter Leser« also Fremdsprachen verstehen und lesen, dann wird er ganz einfach unter einer Lawine von neuen Büchern begraben, die er nie, nicht in zigtausend Jahren, lesen kann.

Die einzige Möglichkeit, die uns bleibt, ist die *Wahl* unserer Bücher. Wenn wir schon nicht alles lesen können, dann wollen wir wenigstens eine gute Wahl treffen, um keine Zeit mit schlechten Büchern zu verlieren. Schlechte Bücher gibt es nämlich mehr als gute Bücher! Und wenn ich vom Pech verfolgt werde und viele schlechte Bücher erwische, vergeht mir irgendwann auch die Lust am Lesen.

Wie sollte man dabei bloß vorgehen? Was bleibt uns Käufern im Laden denn übrig, um ein Buch auszusuchen, das uns *gefällt*?

Die Anfänge lesen! Ganz einfach. Den Umschlag und den Titel vergessen, das Buch aufschlagen und die ersten 10 bis 15 Zeilen lesen. Besser noch die ganze erste Seite.

Dann merkt man schnell, wie viele Anfänge uns

nicht gefallen, und ein paar der ganz guten Anfänge werden uns fesseln, unser Interesse erwecken. Und das sind dann genau die Bücher, die wir kaufen sollten.

Nun aber zurück zu deinen Geschichten, denn sicher hast du die ein oder andere geschrieben, während du dieses Buch gelesen hast. Wenn eine Geschichte fertig ist, ist sie noch nicht ganz fertig, denn: es gibt noch eine Reihe von Kleinigkeiten, mit denen du deine Geschichte verzieren und verpacken könntest. Titel und kleine Zwischenüberschriften beispielsweise oder sogar ganze Kapitel, wenn du eine lange Geschichte oder ein ganzes Buch geschrieben hast. Mit ihnen kannst du deine Leserinnen und Leser gespannt auf deine Geschichte machen.

Es gibt keine Regel, was zuerst da sein muss: der Titel oder die Geschichte. Aber fest steht: Spätestens, wenn die Geschichte geschrieben ist, ist es gut, wenn sie einen Titel bekommt. Denn erst wenn sie einen Titel hat, kann man sie von anderen Geschichten unterscheiden und über sie sprechen.

Am einfachsten sind auf den ersten Blick die Titel zu finden, die jeweils nur aus dem Namen des Helden der Geschichte bestehen. Viele großartige Geschichten haben solche Titel – denkt an *Peter Pan* oder *Pinocchio*, an *Pippi Langstrumpf* oder *Alfons Zitterbacke*, an *Momo* und *Matilda*, an *Tinko* und *Tschipo*, an *Nero Corleone* oder *Krabat*. Solche Titel sind aber nur dann einfach zu finden, wenn euch eine starke Hauptfigur eingefallen ist – und ein toller Name für sie.

 Wenn dir starke Namen für deine Figuren einfallen, notier sie dir. Und nicht vergessen: Manchmal sind die Namen auch vorher da.

Andere Titel verraten nicht nur die Namen ihrer Helden, sondern schon ein bisschen mehr. Sie lassen ahnen, welche Wesen sich hinter den Namen verbergen: *Pu der Bär* ist so ein Titel, oder *Urmel aus dem Eis*. Und natürlich: *King-Kong, das Geheimschwein* und *Rennschwein Rudi Rüssel*, *Die Biene Maja* oder *Die kleine Raupe Nimmersatt*. Apropos *kleine Raupe*: Das Adjektiv *klein* macht sich in einem Titel offenbar besonders gut, denn aus J. R. R. Tolkiens *Der kleine Hobbit*, Antoine Saint-Exupérys *Der Kleine Prinz*, Otfried Preußlers *Die kleine Hexe* und *Das kleine Gespenst* sind große und unvergessliche Geschichten geworden. Woran das wohl liegt?

Manchmal verraten solche Titel auch nur scheinbar mehr über ihre Helden als ein Name: Denk an Max von der Grüns *Vorstadtkrokodile*! Da macht der Titel einen neugierig, aber dass die Vorstadtkrokodile keine verirrten Krokodile sind, sondern eine Bande, das kann man aus dem Titel nicht herauslesen.

Besonders spannend sind Titel, wenn zum Helden oder seinem Namen noch ein zweites Element dazukommt – am besten eines, das man nicht auf den ersten Blick mit dem Helden in Verbindung bringen kann.

Astrid Lindgrens *Michel in der Suppenschüssel* ist so ein Beispiel, das uns sofort neugierig macht: Michel ist doch bestimmt ein Mensch, vielleicht ein Kind – was macht er bloß in einer Suppenschüssel? Oder Per Olov Enquists *Großvater und die Wölfe*: Unter einem Großvater können sich alle etwas vorstellen – aber mit wilden Wölfen zusammen? Das hat man noch nicht erlebt. Titel, die so ähnlich funktionieren, sind *Harry Potter und der Stein der Weisen*, *Timm Thaler oder das verkaufte Lachen*, *David und der Weihnachtskarpfen*, *Lütt Matten und die weiße Muschel* oder *Alice im Wunderland*.

 Fallen dir Titel ein, in denen du deine Figuren mit etwas in Beziehung setzt?

Es müssen nicht Dinge wie die weiße Muschel oder der Stein der Weisen sein, die zu deiner Hauptfigur dazukommen und den Titel spannender machen. Es können auch Menschen sein. Mehr als eine Hauptfigur gibt es beispielsweise in diesen Titeln: *Die Brüder Löwenherz*, *Die Kinder aus Bullerbü*, *Jim Knopf und Lukas der Lokomotivführer*, *Tschipo und die Pinguine* oder, ein bisschen versteckter, *Das doppelte Lottchen*. Vielleicht kommt in deiner Geschichte sogar eine Bande mitsamt ihrem Anführer vor, dann kannst du einen Titel bauen wie: Die *rote Zora und ihre Bande* oder *Herr der Diebe*. Oder du nennst einfach den Namen der Bande – wie bei den *Vorstadtkrokodilen.*

Von ganz anderer Art sind Titel, die verraten, wo die Geschichte spielt. Manchmal wird auch in solchen Titeln eine Figur der Geschichte genannt – wie bei *Alice im Wunderland* oder *Der Hund, der unterwegs zu einem Stern war.* Es kann auch nur um den Ort gehen, an dem die Geschichte spielt: *Oh, wie schön ist Panama* ist so ein Titel. Oder *Die Schatzinsel.*

An welchem Ort spielt deine Geschichte? Ist er so spannend, dass er sich für einen Titel eignet?

Wenn nicht, solltest du besser darauf verzichten, den Ort in den Titel deiner Geschichte zu nehmen.

Es gibt Titel, die machen einen einfach neugierig, auch wenn man nicht immer sagen kann, warum das so ist. Beispiele gefällig?

Benno Pludra: *Das Herz des Piraten*
Erich Kästner: *Das fliegende Klassenzimmer*
Christine Nöstlinger: *Wir pfeifen auf den Gurkenkönig*

Maurice Sendak: *Wo die wilden Kerle wohnen*
Michel Tournier: *Freitag oder Das Leben in der Wildnis*
Erich Kästner: *Die Konferenz der Tiere*
Christoph Hein: *Das Wildpferd unterm Kachelofen*
Judith Kerr: *Als Hitler das rosa Kaninchen stahl*
Mirjam Pressler: *Wenn das Glück kommt, muss man ihm einen Stuhl hinstellen*
Anders Jacobsson und Sören Olsson: *Berts gesammelte Katastrophen*
Patricia MacLachlan: *Schere, Stein, Papier*

 Fallen dir Titel ein, die neugierig machen?

Solche Titel sind es oft, die Autoren einfach so einfallen, noch bevor sie die Geschichte kennen. Dann denken sie sich: Dieser Titel ist so gut, zu dem müsste man eine Geschichte erfinden. Auch ein Weg, wie Geschichten in die Welt kommen.

Bei manchen dieser Titel, wie bei Michael Endes *Die unendliche Geschichte* sagen die Titel schon eine Menge über die Geschichte aus. Zum Beispiel wenn Amos Oz seine Geschichte *Sumchi* im Untertitel nennt: *Eine wahre Geschichte über Liebe und Abenteuer.* Oder Max von der Grün seine *Vorstadtkroko-*

dile: Eine Geschichte vom Aufpassen. Beides trifft genau das, was im Inhalt der Geschichten passiert.

Manchen Autoren fällt sogar ein Titel ein, der die Form ihrer Geschichte schon ein bisschen vorwegnimmt. Ronit Matalon beispielsweise: *Eine Geschichte, die mit dem Begräbnis einer Schlange beginnt.* Oder, ganz besonders toll: Paul Maar mit *Eine Woche voller Samstage.* Sicher kennt ihr die Geschichten vom Sams. Dieses Buch ist genau eine Woche lang, jedes Kapitel ein Tag.

Fällt dir ein solcher Titel auch für deine Geschichte ein?

Titel, die lange Untertitel haben. Puh, auch das gibt's! Warum wohl? Weil ganz besonders lange Untertitel manchmal ganz besonders neugierig machen oder witzig sind.

Jutta Richter: *Der Hund mit dem gelben Herzen oder die Geschichte vom Gegenteil*
Wolf Erlbruch: *Vom kleinen Maulwurf, der wissen wollte, wer ihm auf den Kopf gemacht hat*
Kenneth Grahame: *Der Wind in den Weiden oder Der Dachs lässt schön grüßen, möchte aber auf keinen Fall gestört werden. Ein Roman für Kinder*

Und auch das gibt es: eine Frage als Titel. Erinnert ihr euch noch an eins der beiden Bilderbücher: *Was machen die Mädchen?* oder *Was machen die Jungs?* von Nikolaus Heidelbach. Oder kennt ihr den Gedichtband von Josef Guggenmos: *Was denkt die Maus am Donnerstag?*

Bestimmt merkt ihr sofort, wie diese Titel funktionieren: Sofort wollt ihr das Buch packen und darin blättern, um die Antwort auf genau diese Frage zu bekommen. Gute Titel also!

Eigentlich gilt ja die Regel: Ein guter Titel ist kurz und knackig. Aber wie immer in der Kunst ist es auch beim Schreiben so, dass es Ausnahmen gibt. Diese Titel sind solche Ausnahmen. Manchen Geschichten tut ein ganzer Satz als Titel gut.

 Peter Härtling: *Das war der Hirbel*
Irina Korschunow: *Hanno malt sich einen Drachen*
Kirsten Boie: *Mit Jakob wurde alles anders*
Jutta Richter: *Der Tag, als ich lernte die Spinnen zu zähmen*
Mirjam Pressler: *Wenn das Glück kommt, muss man ihm einen Stuhl hinstellen*

Zwei Beispiele noch zu Titeln, die eine bestimmte Stimmung erzeugen. Sie laden nicht durch einen eindeutigen inhaltlichen Hinweis in die Geschichte ein, sondern indem sie den Leser die Stimmung der

Geschichte vorfühlen lassen. Janoschs *Oh, wie schön ist Panama* oder Jutta Richters *Hechtsommer* sind solche Titel.

 Wenn du dir alle Notizen anschaust, die du dir zu diesem Kapitel über Titel gemacht hast: Was ist dein absoluter Lieblingstitel?

Über Titel haben wir jetzt ausführlich gesprochen. Es gibt noch andere Möglichkeiten, die Leser in deine Geschichte einzuladen. Eine dieser Möglichkeiten ist ein Vorwort. Erich Kästner zum Beispiel liebte Vorworte. »Ich bin nicht dafür, dass die Besucher gleich mit der Tür ins Haus fallen. Es ist weder für die Besucher gut noch fürs Haus. Und für die Tür auch nicht«, hat er in seinen Erinnerungen *Als ich ein kleiner Junge war* notiert. Ein Vorwort kann zum Beispiel beschreiben, was lange vor dem Beginn der Geschichte passiert ist. Kennt ihr *Urmel aus dem Eis*? Dafür hat Max Kruse sich ein solches Vorwort ausgedacht. Hier schildert das Vorwort eine Vorgeschichte, die seit Jahrmillionen schon vorbei ist, wenn das erste Kapitel beginnt. Aber sie ist sehr wichtig für die Geschichte, weil sie erklärt, wie alles mit dem Urmel-Ei angefangen hat. Ein anderes Wort für Vorwort ist Einleitung. Amos Oz schrieb eine in *Sumchi*.

In *Ben liebt Anna* erklärt Peter Härtling in seinem Vorwort, warum er seine Geschichte erzählt. Wahrscheinlich weil es ihm bei dieser Geschichte besonders wichtig ist; sie bricht nämlich mit einem Vorurteil, das Erwachsene gegenüber Kindern gerne haben: dass Kinder noch nicht wissen könnten, was Liebe ist.

 Überlegt euch, ob ein Vorwort für eure Geschichte passen könnte. Wollt ihr euren Lesern etwas erklären, was ihr innerhalb der Geschichte nicht erklären könnt? Aber Vorsicht, überlegt genau, ob eure Geschichte wirklich ein Vorwort braucht. Nur dann solltet ihr eines machen. Denn nichts ist langweiliger als ein Vorwort, auf das man gut verzichten könnte.

Auch eine Widmung könnt ihr eurer Geschichte geben.

Die allereinfachste Form der Widmung: ein »Für« und dann ein Name oder mehrere. Damit widmet ihr eure Geschichte jemandem. Jemandem, der euch auf die Idee gebracht hat, zum Beispiel Jemandem, der euch unterstützt hat. Oder jemandem, für den die Geschichte insgeheim gedacht ist.

Wenn es geheimbleiben soll, könnt ihr den Namen der Person auch abkürzen: »Für R.« beispielsweise.

 *Für Fania, Galia und Daniel*
(Amos Oz: Sumchi)

Ein Beispiel aus *Pu der Bär*:

Widmung

Hier kommen wir Hand in Hand,
    Christopher Robin und ich,
Um dir dies Buch auf den Schoß zu legen.
    Sagst du, du bist überrascht?
    Sagst du, es gefällt dir?
    Sagst du, genau das hast du dir gewünscht?
Es gehört dir nämlich — —
Wir lieben dich nämlich.
(A. A. Milne: Pu der Bär)

Die Widmung, die Milne vor *Pu der Bär* setzt, ist die wohl schönste Widmung, die es gibt. Das Besondere: Nicht der Autor schreibt sie, sondern zwei der Figuren. Natürlich hat sie der Autor geschrieben, aber er spricht für seine Figuren.

Für eine Widmung ist das außergewöhnlich, oft schreiben Autoren nämlich aus ihrer eigenen Sicht und widmen ihr Buch den Menschen, die sie beim Schreiben unterstützt haben:

Für Joschi, den schwarzen Hund, der alles allein konnte.
    Für Lena, Lotta, Minki und Anne, die eine Zeit lang sehr geduldig waren, und ganz besonders

für Herbert Jansen, der mit mir Pilze fand, um Wörter stritt und mir für jede zweite Seite ein Essen gekocht hat.

(Jutta Richter: Der Hund mit dem gelben Herzen)

 Weißt du jemanden, dem du dein Buch widmen willst?

Warum?

Nun hast du eine Menge neue Sachen und Tricks gelernt. Vor allem hoffe ich, du hast Lust bekommen, mit deinen Ideen zu spielen und deinen Kopf dabei arbeiten zu lassen. So, wie ich es in meinem Buch ja auch gemacht habe. Darum hoffe ich sehr, dass es dir gefallen hat. Mir jedenfalls hat es riesigen Spaß gemacht, dieses Buch zu schreiben!

Gerne würde ich mit dir zusammen weiter an Geschichten schreiben. Wenn auch du Lust dazu hast, besuche die interaktive Website www.dtv-schreibwerkstatt.de. Auf dieser Website zum Buch können Kinder Schreibaufgaben lösen und eigene Geschichten entwickeln und veröffentlichen. Ich bin gespannt auf deine Ideen!

Gute Geschichten,
von denen man beim Lesen lernen kann

Hier sind noch einmal alle Geschichten versammelt, die in diesem Buch als Beispiele erwähnt werden. Viele davon wirst du kennen. Wenn du magst, kannst du die, die du noch nicht kennst, in deiner Bücherei ausleihen oder sie dir von deinen Eltern schenken lassen.

Alfons Zitterbacke von Gerhard Holtz-Baumert
Alice im Wunderland von Lewis Caroll
Alles Rainer Zufall von Jörn-Peter Dirx
Als Hitler das rosa Kaninchen stahl von Judith Kerr
Ben liebt Anna von Peter Härtling
Brüder von Bart Moeyaert
Das doppelte Lottchen von Erich Kästner
Das fliegende Klassenzimmer von Erich Kästner
Das Herz des Piraten von Benno Pludra
Das kleine Gespenst von Otfried Preußler
Das Tagebuch der Anne Frank
Das war der Hirbel von Peter Härtling
Das Wildpferd unterm Kachelofen von Christoph
   Hein
David und der Weihnachtskarpfen von Jan
   Procházka
Der Hund mit dem gelben Herzen von Jutta Richter

Hanno malt sich einen Drachen von Irina Kor-
    schunow
Harry Potter und der Stein der Weisen von Joanne
    K. Rowling
Hechtsommer von Jutta Richter
Herr der Diebe von Cornelia Funke
Jim Knopf und Lukas der Lokomotivführer von
    Michael Ende
Kinder- und Hausmärchen gesammelt durch die
    Brüder Grimm
King-Kong, das Geheimschwein von Kirsten Boie
Krabat von Otfried Preußler
Lütt Matten und die weiße Muschel von Benno
    Pludra
Matilda von Roald Dahl
Michel in der Suppenschüssel von Astrid Lindgren
Mit Jakob wurde alles anders von Kirsten Boie
Momo von Michael Ende
Nero Corleone. Eine Katzengeschichte von Elke
    Heidenreich, mit Bildern von Quint Buchholz
Oh, wie schön ist Panama von Janosch
Peter Pan von James Matthew Barrie
Pinocchio von Carlo Collodi
Pippi Langstrumpf von Astrid Lindgren
Pu der Bär von A. A. Milne
Rennschwein Rudi Rüssel von Uwe Timm
Schere, Stein, Papier von Patricia MacLachlan
*Sumchi. Eine wahre Geschichte über Liebe und
    Abenteuer* von Amos Oz

Timm Thaler oder das verkaufte Lachen von James Krüss

Tinko von Erwin Strittmatter

Tschipo und die Pinguine von Franz Hohler

Tschipo von Franz Hohler

Urmel aus dem Eis von Max Kruse

Vom kleinen Maulwurf, der wissen wollte, wer ihm auf den Kopf gemacht hat von Wolf Erlbruch

Vorstadtkrokodile von Max von der Grün

Wenn das Glück kommt, muss man ihm einen Stuhl hinstellen von Mirjam Pressler

Wir pfeifen auf den Gurkenkönig von Christine Nöstlinger

Wo die wilden Kerle wohnen von Maurice Sendak

Wunderbare Reise des kleinen Nils Holgersson mit den Wildgänsen von Selma Lagerlöf

Zickzackkind von David Grossman

Wenn deine Lieblingsgeschichten in der Liste fehlen, kannst du sie hier ergänzen:

....

....

....

....

....

....

....

....

Quellennachweis

Andersen, Hans Christian: Die schönsten Märchen. Aus dem Dänischen von Mathilde Mann. Ausgewählt und mit einem Nachwort versehen von Ulrich Sonnenberg. Insel: Frankfurt am Main und Leipzig 2000 – »Die Prinzessin auf der Erbse«, S. 37; »Die kleine Seejungfrau«, S. 55

Barrie, James Matthew: Peter Pan. Berlin/München: Altberliner Verlag 1995, S. 192

Carle, Eric: Die kleine Raupe Nimmersatt. Aus dem Englischen von Viktor Christen. Hildesheim: Gerstenberg 1994, 4. Auflage. © 1969 Eric Carle

Dahl, Roald: Matilda. Rowohlt: Reinbek bei Hamburg 1989, S. 9

Dirx, Jörn-Peter: Alles Rainer Zufall. Mit Bildern von The Tjong Khing. Ravensburg: Otto Maier 1987, S. 11

Ende, Michael: Jim Knopf und Lukas der Lokomotivführer. Thienemann: Stuttgart/Wien 1960, S. 250 ff.

Ende, Michael: Momo. Thienemann: Stuttgart/Wien 1973, S. 266 f.

Enquist, Per Olov: Großvater und die Wölfe. Deutscher Taschenbuch Verlag: München 2005, © Per Olov Enquist 2003, S. 123

Grahame, Kenneth: Der Wind in den Weiden. Deutscher Taschenbuch Verlag: München 1976, © 1973 für die Übersetzung: Gertraud Middelhauve Verlag, München, S. 7

Grimm, Jacob und Wilhelm: Kinder und Hausmärchen

gesammelt durch die Brüder Grimm. In drei Bänden. Mit Illustrationen von Otto Ubbelohde und einem Vorwort von Ingeborg Weber-Kellermann. Insel: Frankfurt am Main und Leipzig 1984 – »Rumpelstilzchen«, S. 318

Grossman, David: Zickzackkind. München: Deutscher Taschenbuch Verlag 2000, © der deutschsprachigen Ausgabe: München/Wien: Carl Hanser Verlag 1996

Kafka, Franz: Die Verwandlung. S. Fischer Verlag: Frankfurt am Main, S. 7

Lagerlöf, Selma: Wunderbare Reise des kleinen Nils Holgersson mit den Wildgänsen. Teil I-III. Einzige vollständige Ausgabe. Nymphenburger: München 1948, 32. Auflage 2002, S. 5

Milne, A. A.: Pu der Bär. Deutscher Taschenbuch Verlag: München 1996, © Atrium Verlag: Zürich 1987, S. 7

Oz, Amos: Sumchi. Eine wahre Geschichte über Liebe und Abenteuer. Deutscher Taschenbuch Verlag: München 2000, © Carl Hanser Verlag: München 1993, S. 5

Richter, Jutta: Der Hund mit dem gelben Herzen. Deutscher Taschenbuch Verlag: München 2000, © Carl Hanser Verlag 1996, S. 4, 41, S. 88